AF261811

CONSULTATION

POUR

Mgr Louis-Philippe-Albert de France
COMTE DE PARIS

CONTRE

Don Jaime-Jean-Jacques-Alphonse-Philippe de Bourbon.

QUEL EST L'HÉRITIER DE HENRI V?

PAR

UN AVOCAT LÉGITIMISTE

H. OUDIN, LIBRAIRE-ÉDITEUR

PARIS | POITIERS
17, RUE BONAPARTE, 17 | 4, RUE DE L'ÉPERON, 4

1884

CONSULTATION

POUR

Mgr Louis-Philippe-Albert de France

CONSULTATION

POUR

Mgr Louis-Philippe-Albert de France

COMTE DE PARIS

CONTRE

Don Jaime-Jean-Jacques-Alphonse-Philippe de Bourbon.

QUEL EST L'HÉRITIER DE HENRI V?

PAR

UN AVOCAT LÉGITIMISTE

H. OUDIN, LIBRAIRE-ÉDITEUR

PARIS	POITIERS
17, RUE BONAPARTE, 17	4, RUE DE L'ÉPERON, 4

1884

I.

Le successeur de notre saint et regretté Roi Henri V est-il Monseigneur le comte de Paris ?

Il paraîtra, au plus grand nombre, étonnant que pareille question puisse être soulevée.

Mais, puisque les droits de Monseigneur le Comte de Paris ont été discutés, nous dirons plus, méconnus, il paraît utile de les démontrer.

II.

POSITION DE LA QUESTION.

Peu de personnes connaissent le tableau généalogique de la Maison de France.

Henri V, Monseigneur le comte de Paris et don Jaime d'Espagne descendent de Louis XIII.

Louis XIII a eu deux fils :

1° Louis XIV, dont descendent directement Henri V et don Jaime ;

2° Philippe de France, duc d'Orléans, dont descend directement Monseigneur le comte de Paris.

Don Jaime est donc plus proche parent de Henri V que l'est Monseigneur le Comte de Paris ? Incontestablement !

Est-ce une raison suffisante pour permettre à don Jaime de se considérer comme le successeur de

Henri V ? Non ! C'est ce que nous allons démontrer rapidement dans cette brochure.

Il est indispensable de jeter d'abord un coup d'œil sur le tableau généalogique de la Maison de Bourbon.

On voit, par le tableau qui se trouve à la page 8, que, Henri V étant mort à Frohsdorf sans postérité, le 24 août 1883, comme la couronne de France passe de mâle en mâle par ordre de primogéniture, le successeur de Henri V est don Carlos VII, duc de Madrid (1), qui descend directement de Philippe de France , duc d'Anjou , deuxième petit-fils de Louis XIV.

Mais Philippe de France, duc d'Anjou, en montant sur le trône d'Espagne, a renoncé formellement, *pour lui et ses descendants*, à tous ses droits sur la couronne de France.

La couronne revient donc au descendant direct de Philippe de France, duc d'Orléans, frère de Louis XIV, fils de Louis XIII, c'est-à-dire à Monseigneur le Comte de Paris.

Néanmoins, peu de temps après l'épouvantable catastrophe, — nous n'hésitons pas à employer cette expression qui traduit exactement notre pensée, — peu de temps après l'épouvantable catastrophe du 24 août 1883, un certain nombre de royalistes ont déclaré que la couronne de France revient, non pas à Monseigneur le Comte de Paris, mais aux Bourbons d'Espagne ; un journal, *Le Droit monarchique*, s'est

---

(1) Ainsi que nous le verrons plus loin, don Carlos VII, duc de Madrid, préfère rester prétendant à la couronne d'Espagne ; c'est donc à son fils, don Jaime de Bourbon, aujourd'hui âgé de 14 ans, que, dans le système de nos adversaires, reviendrait la succession politique de Henri V.

fondé pour soutenir cette prétention ; et nous trouvons le système de ces dissidents formulé avec précision dans une brochure toute récente de M. P. de Recquem, intitulée *Le Comte de Paris, sa naissance, son éducation, ses idées, ses droits ; attitude des royalistes à son égard* (Delhomme et Briguet, éditeurs à Paris, 1884).

On nous permettra de détacher de la préface de cette brochure le passage suivant :

« ...Mais faisons trêve à notre douleur et à nos
« réflexions, car voici que, sur le cercueil à peine
« fermé de notre Roi, un *Vivat* inattendu a retenti :
« *Vive le Roi !* Comme aux grands jours de la mo-
« narchie, lorsque, au sortir du lugubre appareil de
« Saint-Denis, on saluait sous les lambris de Ver-
« sailles un petit-fils de Louis XIV, des Français
« acclament en ce moment, sur la terre étrangère,
« un nouveau Roi.

« L'ont-ils reconnu, cet héritier salique, parmi
« les princes qui entourent le lit funèbre, princes
« balayés par le souffle des orages, princes décou-
« ronnés qui, depuis de longues années, vivent près
« de Henri V pour apprendre de lui comment on
« peut être plus grand dans l'exil que sur un
« trône ?

« Non ; le nouvel élu est un prince d'Orléans. »

Mais Monseigneur le Comte de Paris ne serait-il pas l'héritier « salique » ?

Nous n'étudierons dans cette brochure que la question de droit, et nous serons, dans cet examen, aussi court que possible.

TABLEAU GÉNÉALOGIQUE

DE LA

MAISON DE FRANCE

LOUIS XIII — ANNE D'AUTRICHE
[1601-1643]   [1601-1666]

LOUIS XIV
[1643-1715]

LOUIS DE FRANCE
Grand-Dauphin
[1661-1711]

LOUIS DE FRANCE
duc de Bourgogne
[1682-1712]

PHILIPPE DE FRANCE
duc d'Anjou
Philippe V, roi d'Espagne
[1683-1746]

CHARLES DE FRANCE
duc de Berry
[1686-1714]

PHILIPPE DE FRANCE
duc d'Orléans
[1640-1701]

PHILIPPE DUC D'ORLÉANS
le Régent
[1674-1723]

LOUIS XV
[1710-1774]

LOUIS Ier
roi d'Espagne
[1707-1724]

FERDINAND VI
roi d'Espagne
[1713-1759]

CHARLES III
roi d'Espagne
[1716-1788]

DON PHILIPPE
duc de Parme
[1720-1765]
Tige des Bourbons de Parme

LOUIS
duc d'Orléans
[1703-1752]

LOUIS DE FRANCE
Dauphin
[1729-1765]

CHARLES IV
roi d'Espagne
[1748-1819]

FERDINAND IV
roi des Deux-Siciles
[1751-1825]
Tige des Bourbons de Naples.

LOUIS-PHILIPPE
duc d'Orléans
[1725-1785]

LOUIS-PHILIPPE-JOSEPH
duc d'Orléans (Philippe-Égalité)
[1746-1793]

CHARLES X
[1757-1836]

FERDINAND VII
roi d'Espagne
[1784-1833]

DON CARLOS V
[1788-1855]

LOUIS-PHILIPPE Ier
roi des Français
[1773-1850]

CHARLES-FERDINAND
duc de Berry
[1778-1820]

ISABELLE II
reine d'Espagne
[1833-   ]

DON CARLOS VI
[1818-1861]

DON JUAN III
[1822-   ]

FERDINAND-PHILIPPE-LOUIS-CHARLES-
HENRI
duc d'Orléans
[1810-1842]

HENRI V
[1820-1883]

ALPHONSE XII
roi d'Espagne
[1857-   ]

DON CARLOS VII
[1848-   ]

DON ALPHONSE
[1849-   ]

LOUIS-PHILIPPE-ALBERT D'ORLÉANS
comte de Paris
[1838-   ]

DON JAIME
[1870-   ]

III.

EXAMEN DES ARGUMENTS DE NOS ADVERSAIRES.

On peut ramener à six les arguments à l'aide desquels nos adversaires essaient de démontrer que les Bourbons d'Espagne sont les seuls ayants-droit légitimes à la couronne de France, à l'exclusion de Monseigneur le Comte de Paris. D'après eux, la renonciation de Philippe V, duc d'Anjou, petit-fils de Louis XIV, n'a pas de valeur :

1° Parce que ni Louis XIV, ni Philippe V n'avaient qualité pour intervertir l'ordre légal de succession à la couronne de France ;

2° Parce que cette renonciation, à supposer qu'elle fût valable en soi, n'a pas été ratifiée par les États généraux ;

3° Parce que, ainsi que le disent les articles 791 et 1130 du Code civil, on n'a pas le droit de faire une stipulation quelconque sur une succession non encore ouverte ; en d'autres termes, parce que Philippe V, en le supposant capable de stipuler valablement pour lui-même en pareille matière, n'avait pas le droit de stipuler pour ses héritiers ;

4° Parce que Louis XIV, en acceptant pour le duc d'Anjou la couronne d'Espagne, lui conserva, par lettres-patentes solennelles données au mois de décembre 1700, son rang entre le duc de Bourgogne et le duc de Berry, lui maintenant, d'une manière irrévocable, ses droits au trône de France ;

5° Parce qu'il existe sur la question un précédent,

fourni par la Maison d'Orléans elle-même, en 1846 ;

6° Parce que la question des renonciations, agitée devant l'Assemblée nationale de 1789, a été tranchée, tout au moins implicitement, en faveur des Bourbons d'Espagne.

Reprenons successivement chacun de ces arguments.

§ I.

Ni Louis XIV, ni Philippe V n'avaient le droit d'intervertir l'ordre légal de succession à la couronne de France établi par la loi salique.

Pour laisser à l'objection toute sa force, donnons la parole à nos adversaires, nous réservant, comme au Palais, le droit de réplique.

« Il a souvent été question de la *Loi salique* ; c'est « d'elle surtout qu'il est permis de dire :

Beaucoup en ont parlé, mais peu l'ont bien connue.

« Ce qu'il y a de certain d'abord, c'est qu'elle « n'a jamais existé. Les textes qui la concernent, « et qui sont des rédactions diverses de coutumes « franques, disent tout le contraire de ce que nous « entendons par la loi salique. Tous les textes sont « en langue latine, et portent que la *terre salique* se « partage, à la mort du père, entre les enfants « mâles. Les filles sont exclues, et il ne s'agit pas « de la couronne. Les Mérovingiens et les Carlo- « vingiens appliquaient à l'Etat les règles du droit « privé, et le divisaient entre les enfants mâles. Ni « les uns ni les autres n'avaient la notion de l'ordre « politique, de l'indivisibilité de l'Etat, de la per-

« pétuité du pouvoir. Les légistes royaux adoptèrent
« la fiction de la loi salique pour rehausser le pres-
« tige de la royauté et reculer ses origines. Cette
« fiction reconnaissait la grande loi sociale de l'u-
« nité et de la perpétuité ; elle substituait au régime
« des partages, des élections, sources d'anarchie,
« un pouvoir incontesté, désigné par la nature elle-
« même. Ainsi, elle soustrayait l'Etat aux brigues,
« aux compétitions, aux violences qui avaient jus-
« que-là disputé le pouvoir suprême.

« Ce qu'on appelle le *droit divin*, c'est tout sim-
« plement la naissance, qui, en effet, est un don
« de Dieu ; mais ce droit n'est pas plus divin
« dans la naissance du fils d'un roi de France que
« de tout autre Français. Seulement, il indique, au
« moment de la mort du Roi, le successeur, l'héritier
« nécessaire, unique, incontestable. La volonté hu-
« maine est absolument écartée pour la désignation
« du successeur. Le Roi ne peut disposer de la cou-
« ronne par donation entre-vifs ou testamentaire ;
« l'abdication lui est interdite. Il est roi par sa nais-
« sance ; comment abdiquerait-il sa filiation ? S'il est
« infirme, prisonnier, incapable, indigne, il est
« pourvu au gouvernement par des mesures de pru-
« dence ; c'est une crise momentanée, et l'expérience
« démontre qu'elle est infiniment moindre que la
« crise résultant d'un changement de dynastie. La
« loi salique n'a qu'un but, désigner le souverain.
« Elle bannit à jamais de la politique cette redouta-
« ble question : quel est le vrai Roi ? Le vrai Roi
« n'est jamais douteux : le tableau généalogique à la
« main, tout le monde peut dire : Voilà le Roi !

« Aucune circonstance ne saurait entraver
« cette désignation ; autrement, la loi s'évanoui-

« rait ; elle ne comporte pas d'exception ; elle
« périt dans l'exception. Celui qui est désigné sur
« le tableau des descendants mâles de l'auteur
« commun vient par un droit propre, auquel rien
« n'a pu porter atteinte ; il ne tire pas son droit,
« son titre, du dernier mourant, mais de la loi elle-
« même. Il est le titulaire d'une substitution SUR LA-
« QUELLE SON PRÉDÉCESSEUR N'AVAIT QU'UN USUFRUIT.

    « La couronne de France est une substitution qui
« se transmet de mâle en mâle, par ordre de primo-
« géniture dans la ligne agnatique. Le Roi n'en
« dispose pas : et, à plus forte raison, un autre n'en
« peut disposer. Tout pacte, toute convention con-
« traire serait nulle. Tous les descendants mâles
« sont assujettis par la naissance à la loi salique,
« et aucun d'eux n'a la faculté de renoncer à la
« succession (1) ».

    Il nous semble que nos adversaires font dire à la
loi salique beaucoup plus qu'elle ne dit en réalité.

    La loi salique, c'est la loi qui concernait les héri-
tages de famille chez les Francs Saliens. Elle est
ainsi formulée dans la seconde codification publiée
par ordre de Thierry (Théodoric) Ier, fils aîné de
Clovis et roi particulier de la France orientale (capitale Metz) :

    « *De terrâ salicâ non ulla portio in hæreditatem
mulieris veniat.*

    « *Aucune partie de terre salique ne peut échoir en
héritage à une femme.* »

    Les annalistes et écrivains subséquents nous ap-
prennent ce qu'était cette *terre salique.* C'était la

____

(1) Brochure précitée de M. de Recquem, pages 41-42.

portion privilégiée où était située la « *salle* », selon les juristes du moyen âge, c'est-à-dire l'habitation centrale de la famille, dont la *salle* servait de lieu de réunion à tous les membres de la famille principale, comme à ceux des familles secondaires, sous l'autorité du chef de la race, investi du pouvoir de les convoquer.

Les écrivains plus modernes ont fait dériver le mot *salien* de la rivière Saule, sur les bords de laquelle la tribu franque avait jadis campé. Mais l'étymologie est plus que douteuse, et nous préférons l'avis des anciens écrivains, plus autorisés.

La coutume salique n'existait pas seulement pour les terres, mais pour la transmissiom du pouvoir souverain. C'était la hiérarchisation sévère de la famille et de ses branches, avec ce que nous appellerions aujourd'hui la *perpétuité de la mense patrimoniale* transmise de mâle en mâle, sans changement de nom. Cette forte constitution de la famille existe encore aujourd'hui chez les Basques. Elle est la meilleure base d'un Etat vigoureux et durable. Elle entraînait également la prépondérance de l'aîné, et la distinction entre les branches principale et cadette de chaque famille, toujours selon les mâles. Or, ces coutumes remarquables dataient d'un temps immémorial ; comme ce sont précisément les *coutumes du droit naturel ou patriarcal*, nous sommes fondés non seulement à les tenir pour antiques, mais à les considérer comme transmises sans altération sensible depuis l'époque patriarcale.

Les mêmes principes furent, par des raisons d'analogie, appliqués à la couronne. Si la femme n'était pas en état de conserver et de transmettre le nom, la mense et l'autorité familiale, à plus forte raison ne pouvait-elle se trouver apte à transmettre des droits à l'héritage suprême, au commandement suprême, ceci est évident.

Mais une autre raison, et la véritable, c'est que, le commandement étant dynastique, c'est-à-dire attaché à une succession familiale, c'étaient les lois de la succession familiale qui réglaient la succession souveraine. La famille précéda la royauté ; la royauté dériva de la famille et en suivit les usages.

Cette coutume, plus tard appelée *salique* parce qu'elle se retrouva inscrite au code des Francs Saliens, est conforme au droit naturel primitif, tel qu'il fut établi et suivi dans les premières sociétés dites patriarcales. Cette conformité, et le fait qu'elle existait chez les Francs de temps immémorial, lorsqu'ils s'établirent en Gaule, prouvent son extrême antiquité. C'est de l'institution royale chez les Francs que l'on a dit cette vérité : « Le pouvoir royal dans « son essence dérive du pouvoir patriarcal, comme « celui-ci dérive du pouvoir familial. Il en a les « droits, il en a les devoirs. »

Que pouvons-nous déduire de là ? Rien d'autre que ceci : le principe salique, appliqué d'abord et uniquement à la famille, est peu à peu devenu le principe fondamental de l'ordre de succession au trône ; les femmes étaient, en ce qui concerne la terre salique, exclues de la succession ; elles devinrent, de même, exclues de la succession au trône de France.

La loi salique ne dit pas autre chose. On ne peut s'appuyer sur des documents sérieux pour lui faire dire autre chose.

Mais tirer de la loi salique, telle que nous venons de l'analyser, cette conséquence, véritablement

énorme et inattendue, que « la couronne de France
« est une *substitution* qui se transmet de mâle en
« mâle, par ordre de primogéniture dans la ligne
« agnatique », ajouter que « l'abdication est interdite au roi », c'est, croyons-nous, aller fort
loin ; et rien n'autorise nos adversaires à poser une
telle affirmation.

Qu'est-ce donc qu'une substitution ?

C'est une disposition par laquelle un individu
gratifie quelqu'un par acte de dernière volonté, à
charge par le bénéficiaire (le *grevé*) :

1° De conserver, sa vie durant, la chose donnée;

2° De la laisser, après sa mort, à telle personne
déterminée (l'*appelé*).

Or, peut-on soutenir que la nation française ait,
à une époque quelconque, *légué* la couronne de
France à une personne déterminée, par exemple à
Hugues Capet, à charge par lui :

1° De la conserver sa vie durant ;

2° De la laisser, après sa mort, à ses descendants
in infinitum de mâle en mâle, par ordre de primogéniture ?

Dans la substitution, il est évident que le grevé ne
peut changer l'ordre légal de succession déterminé
par le testateur, et qu'il est obligé de laisser la chose
à l'appelé ; car c'est la loi, c'est l'essence même de
la substitution.

Mais où donc est la substitution dans la matière
qui nous occupe ?

Nous l'avons vu : le grand principe du droit de
succession chez les Francs — c'est-à-dire la loi
salique — est devenu le principe fondamental de
l'ordre de succession au trône de France, mais en
conservant ses dispositions essentielles, — et rien

de plus, — c'est-à-dire l'exclusion des femmes de la succession à la terre salique.

Donc, rien, dans la loi salique, n'autorise nos adversaires à affirmer que Louis XIV et Philippe V n'avaient pas le droit de renoncer pour ce dernier à la couronne de France.

Il n'est pas sans intérêt, au point où en est la discussion, d'examiner quelle est la véritable théorie en matière de souveraineté. Dans cet examen, nous serons aussi bref que possible.

L'idée de pouvoir est inhérente à celle de société. « Une société, dit Montesquieu, ne saurait subsister « sans un gouvernement. » Cicéron avait dit avant lui : « Rien n'est plus approprié au droit et à la « condition de la nature, que le pouvoir ; la famille, « la cité, la nation, le genre humain, la nature « entière, le monde lui-même, ne peuvent subsister « sans lui ; car le monde obéit à Dieu ; à lui sont « soumises la terre et la mer ; et la vie de l'homme « défère aux injonctions d'une loi suprême. » Là où il n'y a pas de chef, le peuple va à la ruine. « Don- « nez un chef, dit saint Augustin, et vous aurez « un peuple ; enlevez ce chef, il ne reste plus qu'une « troupe confuse. »

Le savant abbé Bautain, dans sa *Philosophie des lois*, montre ainsi la nécessité du pouvoir :

« Si vous considérez une multitude d'hommes « isolés, vous voyez des grains de sable qu'un « souffle de vent va agiter et disperser, parce qu'il « n'y a rien qui les unisse. Chacun en effet, dans « cet état, n'a d'autre motif d'agir que ses instincts, « sa pensée, sa volonté; pour les constituer en « société, il faut donc quelque chose qui les rappro-

« che, les attache l'un à l'autre, et tous à un point
« commûn, devient le centre attractif de ces volon-
« tés divergentes, les rallie, et forme lien entre
« elles, en sorte que, de ces membres épars, se
« forme une unité collective, un corps moral, un
« état social. Mais, par la loi même de la nature,
« dès qu'un corps vivant se constitue, une tête, ou
« quelque chose qui en tient lieu, lui arrive pour
« diriger l'ensemble et dominer les parties. Donc,
« en toute société, aussitôt qu'elle se pose, il y a
« nécessité naturelle, pour qu'elle vive, qu'une
« puissance directrice paraisse, une tête, un chef,
« en un mot une souveraineté pour la gouverner,
« c'est-à-dire pour faire la loi, veiller à son exécu-
« tion, et en punir les infractions. Il n'y a pas de
« société si barbare qui n'ait au moins une image
« de ce pouvoir. »

Mais ce pouvoir, d'où vient-il, qui l'a donné à
ceux qui l'exercent ? Partout, nous voyons le Gouvernement (ou le pouvoir)(1) prescrire ou défendre ;
nous voyons que ses lois obligent ; qu'il porte le
glaive pour punir les méchants et protéger les bons ;
qu'il punit les injustices, et que, dans certains cas,
il les punit jusqu'à la mort ; il est donc évident que
la souveraineté sociale ne peut pas sortir d'un pouvoir humain, car elle a et exerce des droits qui ne
viennent pas de l'homme, et qui, par conséquent,
supposent une puissance supérieure ; et quelle en peut
être la provenance, si ce n'est le seul puissant, le
seul Souverain à qui seul appartiennent la gloire,
la majesté et l'indépendance ! La paternité, qui est
le pouvoir domestique, vient de Dieu : comment en

(1) *Principatus.*

serait-il autrement du pouvoir politique ? *Omnis potestas à Deo*, tout pouvoir vient de Dieu.

Etant admis que le pouvoir vient de Dieu, comment se réalise-t-il dans un Gouvernement ? Comment se fait le passage, l'incarnation du pouvoir dans un chef ?

Certains politiques prétendent que le chef de l'État tient son pouvoir *immédiatement* de Dieu, qu'il est constitué par Dieu seul, à qui seul il doit rendre compte, qu'il ne relève d'aucun contrôle et d'aucune puissance au monde, mais de Dieu seul. Ce système est bien caractérisé par le fameux mot de Louis XIV : « L'État, c'est moi » ; quand le roi a jugé, il n'y a point d'autre jugement.

C'est le système consacré en France par la déclaration de 1682 (1).

Telle est la théorie de l'école gallicane et protestante ; et nous en trouvons le reflet dans la réponse que le Cabinet de Versailles reçut de Louis XIV l'ordre de faire à l'*ultimatum* par lequel, le 2 avril 1712, les ministres étrangers demandaient formellement la renonciation de Philippe V. Voici cette réponse :

« La renonciation demandée serait nulle et inva-
« lide suivant les lois du royaume, selon lesquelles
« le prince qui est le plus proche de la couronne en
« est l'héritier de toute nécessité. C'est un héritage
« qu'il ne reçoit ni du roi, son prédécesseur, ni du

---

(1) Chose bizarre ! Certains politiques se plaignent que cette célèbre déclaration de 1682 ne soit plus enseignée dans les Séminaires. Ils ne s'aperçoivent pas que cette déclaration, pour affranchir l'État de tout contrôle de l'Église, enseigne que les sujets doivent au Souverain une soumission absolue, dont rien ne peut les délier, et qui leur est commandée par l'émanation immédiatement divine du pouvoir royal.

Les maladroits !

« peuple, mais de la loi, de sorte que, lorsqu'un roi
« vient à mourir, l'autre lui succède immédiate-
« ment sans demander le consentement de personne ;
« il succède non comme héritier, mais comme le
« maître du royaume, dont la seigneurie lui appar-
« tient, non par choix, mais seulement par le droit
« de la naissance ; il n'est obligé de la couronne ni
« à la volonté de son prédécesseur, ni à aucun édit,
« ni à aucun décret, ni à la libéralité de qui que ce
« soit, il ne l'est qu'à la loi. *Cette loi est estimée*
« *l'ouvrage de Celui qui a établi la monarchie, et*
« *l'on tient en France qu'il n'y a que Dieu qui puisse*
« *l'abolir; par conséquent, qu'il n'y a aucune renon-*
« *ciation qui puisse la détruire.* »

L'autre école, la grande école de saint Thomas
d'Aquin, de Bellarmin et de Suarez, rejette ce système de monarchie absolue, de despotisme ; elle
enseigne que, si le pouvoir, dans son essence et dans
son origine, vient de Dieu, il n'arrive au chef de
l'État (roi, prince ou autre) que par la nation ; c'est
Dieu qui a créé la souveraineté, c'est la nation qui
l'a fait passer et la réalise dans tel roi, tel empereur,
tel président ; et alors ce roi, cet empereur, ce président, exerce véritablement le pouvoir *de droit
divin*. On le voit, la République et l'Empire *peuvent*, tout aussi bien que la monarchie, être des
gouvernements *légitimes*.

Telle est la théorie vraie !

En fait, que s'est-il passé en France ?

Il est intervenu entre la nation française d'une part
et la famille royale d'autre part, un contrat stipulant :

1° Le gouvernement monarchique, l'inviolabilité
de la personne sacrée du roi et l'hérédité de la cou-

ronne de mâle en mâle par ordre de primogéniture ;

2° Le concours de la royauté et de la nation pour la confection des lois ;

3° Le consentement de l'impôt par ceux qui le paient;

4° Les franchises municipales et les libertés provinciales ;

5° La religion catholique professée par la majorité des Français ;

6° L'unité politique et la décentralisation administrative.

Telle est la Constitution naturelle de la France ; elle se retrouve à l'état de développement dans tout le cours de son histoire.

« S'il est vrai, s'écrie M. G. Véran, que la première race de nos rois eut ses assemblées du Champ-de-Mars, s'il est vrai que la deuxième race eut ses assemblées du Champ-de-Mai ; s'il est vrai que la troisième race eut ses États généraux ; s'il est vrai que, dès les premiers temps de la Monarchie, la France n'a cessé d'avoir ses municipalités communales et provinciales qui durent, au treizième siècle, leur résurrection à la protection et à l'esprit national de nos rois ; si, depuis le treizième siècle jusqu'à Louis XIV, ces municipalités eurent leurs assemblées périodiques ; si, en un mot, il est vrai que dans des siècles où la royauté, unie au peuple des communes, écrasa la féodalité, le vote universel gradué ait été constamment appliqué (1) ; si tout

(1) Appliqué, au point de faire dire au conventionnel Thibaudeau : « Depuis le plus petit village jusqu'à la capitale, tous les manants « et habitants, de quelque état et condition qu'ils fussent, partici- « paient à l'exercice des droits politiques. Ils avaient le droit de « concourir à la rédaction des cahiers, d'exposer leurs vues et « leurs opinions sur toutes les affaires de l'Etat. C'était le suffrage « universel libre; on était électeur et éligible sans aucune condition « de propriété ni de cens. »

cela est vrai, il est vrai de dire que la France avait, avant 1789, une Constitution qui contenait les lois fondamentales de la Monarchie (1). »

Cette constitution formait un véritable contrat entre la nation et la famille royale, contrat synallagmatique renouvelé, retrempé pour ainsi dire à chaque réunion des Etats généraux, et brusquement rompu en 1789 par l'une des parties contractantes, au mépris des droits incontestables de l'autre.

Quelle est exactement la nature de cet indiscutable contrat ? Nous ne pouvons mieux comparer ce contrat qu'à un bail, en vertu duquel le propriétaire (la France) ayant loué sa maison, c'est-à-dire son pouvoir, sa souveraineté, ne peut plus en jouir, et substitue le locataire (la famille royale) dans tous ses droits ; il ne peut renvoyer son locataire tant qu'il ne viole pas les conditions du bail et, s'il les viole, il faut un procès pour l'évincer. De même en France, la famille royale, à qui l'exercice de la souveraineté a été remis, en jouit, l'applique, l'exerce ; la nation la lui a mise entre les mains, l'a transportée en ses rois à certaines conditions ; il y a un pacte, et, tant que ce pacte est observé, ce qui a été concédé ne peut pas être retiré.

Il y a bail, mais bail *sui generis*, présentant les particularités suivantes :

1° Le droit du locataire ne périt point par la mort ; au contraire, il est héréditaire de mâle en mâle par ordre de primogéniture ;

2° Sa durée n'en est pas fixée ; et, pour mettre fin au contrat, il faudra le concours des deux par-

<hr>

(1) *La légitimité devant le catholicisme*, page 28.

ties contractantes (c'est ce qui fait, remarquons-le
en passant, que 1793 n'a pas rompu le bail, qui a
repris en 1814);

3° Que tout changement apporté à l'exercice du
droit de jouissance devra être consenti par les deux
parties, tout au moins implicitement.

Voilà bien, croyons-nous, la situation respective
de la France et de ses rois.

Or, dans un bail du genre de celui qui nous occupe, l'un des titulaires du droit de jouissance n'a-
t-il pas la faculté de stipuler d'accord avec un de
ses fils puînés que celui-ci renonce, *pour lui et ses
successeurs*, à ce droit de jouissance? Cette renonciation ne sera-t-elle pas valable, surtout si le propriétaire (dans l'espèce, la France) ne réclame pas?
Cette renonciation ne sera-t-elle pas valable, surtout si elle se fait solennellement en présence de
la France ?

Et si l'arrière-petit-fils de celui qui a renoncé,
qui a renoncé sur les saints Evangiles, venait prétendre plus tard que la renonciation de son aïeul est
nulle, nous commencerions par lui dire que sa re-
vendication est contraire à la parole donnée.

Aussi ne voyons-nous pas, — et nous le compre-
nons à merveille, — les Bourbons d'Espagne soule-
ver une réclamation quelconque, émettre une prétention quelconque, à la succession de Monseigneur le
Comte de Chambord.

Ce ne sont pas les princes qui revendiquent ce
magnifique héritage, qui est la plus belle couronne
du monde; ce sont leurs amis, peu nombreux, du
reste, qui, ne pouvant oublier 1830, s'en vont chercher un roi à l'étranger, plutôt que de proclamer
comme roi Monseigneur le Comte de Paris, parce

qu'il est l'arrière-petit-fils de Philippe-Egalité.

« S'il nous faut, disait en 1871 le prince Henri
« de Valori, revenir à la justice de Moïse, et mau-
« dire les enfants pour les fautes de leurs pères jus-
« qu'à la quatrième génération, que de maudits au-
« tour de nous ! »

On l'a vu, nos adversaires affirment que le Roi
de France n'a qu'un DROIT D'USUFRUIT sur la couronne.

Voici sur ce point l'opinion d'un écrivain distin-
gué, qui est en même temps un éminent juriscon-
sulte : nous voulons parler de M. Auguste Ni-
colas.

« On a prétendu, dit ce savant magistrat, que le
« Roi n'était qu'*usufruitier* du pouvoir, et que la
« *nue propriété* en appartenant à son futur héritier,
« il n'avait pas le droit d'en disposer par le dra-
« peau (1) sans la volonté de celui-ci.

« C'est un système qui va loin.

« Il en résulterait, en effet, que tout Gouverne-
« ment impliquant nécessairement une direction
« des choses à longue portée, son chef monarchique,
« moins autorisé en cela qu'un simple père de fa-
« mille, ne pourrait rien décider, rien faire, sans
« le formel consentement de son héritier éventuel,
« et, par la même raison, de ses arrière-héritiers,
« s'ils existaient.

« N'avais-je pas raison de dire que le fond se tra-
« duit dans la forme du grief, et que sa portée va à
« une abdication ?

« Heureusement que ce système de démembre-

______

(1) Ce passage a été écrit à l'occasion de la question du drapeau.

« ment de la Royauté en *usufruit* et en *nue pro-*
« *priété*, plaçant le Souverain dans la situation la
« plus chétive, la plus dépendante de ses héritiers,
« la plus impropre au bien public, auquel le pouvoir
« se doit tout entier, est faux en lui-même de tout
« point, et en fait et en droit.

« *En fait,* d'abord, il se contredit. La nue pro-
« priété n'appartient nullement dès à présent à
« l'héritier, ni jamais à aucun de ses successeurs.
« La preuve, c'est que l'usufruit ne viendra jamais
« se joindre à quoi que ce soit sur leur tête pour
« composer autre chose de plus que le même
« pouvoir du Roi régnant, et qui, dans le système,
« n'est qu'un usufruit. Eux aussi, d'après ce sys-
« tème même, n'auront jamais qu'un simple usu-
« fruit. Ils n'ont rien dès lors, par avance, leur
« donnant le droit de s'ingérer décisivement dans
« le Gouvernement.

Mais, *en droit*, ce système pèche par la base. Il
« est faux que le Roi régnant n'ait qu'un *usufruit*
« du pouvoir. Je ne dis pas qu'il en ait la *pleine*
« *propriété*, qui emporte le droit d'abuser et d'a-
« liéner. Non, ces assimilations, transportées de
« l'ordre privé, n'ont pas été faites pour l'ordre
« dans lequel nous raisonnons. Ce qu'on peut dire
« de plus juste, c'est qu'il s'agit ici d'un droit *sui*
« *generis,* qui est moins que la propriété et plus
« que l'usufruit : ce qu'on appelle le DOMAINE UTILE,
« le plein exercice du pouvoir, ne relevant que du
« droit national qui l'a conféré une première fois,
« dans ses conditions d'hérédité dynastique (1).»

Or, qu'est-ce, en droit, que le DOMAINE UTILE ?

____

(1) *La Révolution et l'ordre chrétien,* page 350.

C'est le droit qui appartient au locataire dans le cas de bail à longue durée, ou emphytéose.

C'est bien la théorie que nous avons exposée plus haut.

§ II.

Mais, disent nos adversaires, *à supposer valable la renonciation de Philippe V en soi, elle n'à pas été ratifiée par les Etats généraux ; donc, il faut la considérer comme nulle et non avenue.*

Voici comment s'exprime sur ce point M. Sébastien Laurentie, dans un article reproduit par la brochure de M. de Recquem (page 143) :

« L'Angleterre aurait voulu que la renonciation
« du roi Philippe fût ratifiée par les Etats du
« royaume de France. C'est ce qu'elle ne réussit
« pas à obtenir. *L'autorité que les étrangers attri-*
« *buent aux Etats est inconnue en France,* lui répon-
« dit-on ; et, persuadée ou non, elle n'insista point.
« Toujours est-il que l'Angleterre avait dû renoncer
« à l'unique garantie qui eût été capable de valider
« les renonciations, à savoir l'assentiment de la
« nation, représentée par les Etats généraux. »

Effectivement, l'Angleterre avait désiré la convocation des Etats généraux, et la ratification par cette haute assemblée de la renonciation de Philippe V à la couronne de France. Nous lisons dans la dépêche adressée par lord Bolingbroke au comte de Darmouth d'intéressants détails sur les négociations diplomatiques qui eurent lieu à cette époque. Lord Bolingbroke, habitué aux formes anglaises, désirait une réunion des Etats généraux ; « il insis-
« tait pour une assemblée solennelle qui, délibé-

« rant, approuverait la renonciation des princes du
« sang ». L'Angleterre exigeait qu'en Espagne les
Cortès fussent convoquées (1), et qu'en France, les
Etats fussent réunis à Tours ou à Blois, comme le
voulaient les vieilles coutumes monarchiques. « En
« aucune circonstance, disait le diplomate anglais,
« les rois et les princes du sang n'ont gardé foi à
« leurs renonciations personnelles, quand elles
« n'étaient pas sanctionnées par les assemblées re-
« présentatives, témoin la renonciation des infantes
« d'Espagne, dont on n'avait pas tenu compte dans
« les guerres sur la succession, depuis 1700 jus-
« qu'à l'époque actuelle. »

M. de Torcy répondit sur ce point : « Que les
« Etats généraux de France n'étaient pas une
« assemblée régulière et périodiquement convoquée
« comme le Parlement d'Angleterre ; ces Etats
« s'étaient toujours mêlés à l'histoire des troubles
« publics en France ; le Roi ne consentirait jamais
« à les appeler ; une renonciation bien formelle,
« écrite et enregistrée en Parlement, devait suffire.
« Les Parlements en France avaient succédé à
« quelques-unes des prérogatives des Etats géné-
« raux ; ils étaient en ce moment la seule autorité
« légalement reconnue pour examiner et approuver
« les traités. » (Dépêches de M. de Torcy à lord
Saint-John, septembre 1712.)

Il y avait dans le Conseil du Roi une opposition
timide aux volontés royales ; elle était représentée
par le duc de Beauvilliers ; la convocation des Etats
généraux répondait à cette demi-cabale, trop liée

(1) Elles furent, en effet, convoquées, et c'est en leur présence
que Philippe V a fait, à Madrid, sa renonciation solennelle. Ce
point est important.

avec le Parlement pour ne pas souhaiter toutes les formes qui pouvaient rendre un peu de vie aux institutions politiques ; lord Bolingbroke connaissait bien cette influence, il avait ordre de sa Cour de la cultiver, afin d'obtenir la sanction des Etats généraux en France ; l'Angleterre croyait y trouver une garantie de plus, une communauté de sentiments et de libertés. Il ne fallait pas toucher cette question devant Louis XIV, trop jaloux de son autorité pour en céder la plus légère parcelle ; Beauvilliers déclara donc à lord Bolingbroke qu'on devait renoncer à cette idée, sauf à prendre une résolution qui garantît les traités d'une façon convenable. Bolingbroke chercha à faire comprendre au duc d'Orléans et au duc de Berry, qu'il savait consentir à la renonciation, que l'ordre des successions ne pouvait être bouleversé par la simple volonté du monarque, et qu'il fallait, par suite, exiger une assemblée solennelle des Etats généraux.

Dans ces circonstances, le duc de Beauvilliers crut indispensable de consulter les ducs et pairs de son intimité pour savoir quelle forme on pouvait donner aux renonciations successorales ; il fallait tout à fait rejeter l'idée des Etats généraux, le Roi n'en voulait pas entendre parler ; mais devait-on aussi s'en tenir à la formalité timide d'un simple enregistrement par le Parlement ? Les pairs pressentis furent le duc de Chevreuse, le duc de Charost, Saint-Simon et le duc de Noailles. Ce dernier soutint qu'on devait appeler en Parlement les chevaliers de l'Ordre, les gouverneurs de provinces, les principaux gentilshommes. L'opinion de Saint-Simon fut pour la convocation et la présence des seuls ducs et pairs ayant voix au Parlement. On arrêta, dit l'historien auquel nous empruntons ces détails, un tiers parti entre la réunion solennelle des États généraux et le simple enregistrement. Le duc de Beauvilliers dut soumettre au Roi ses idées en plein Conseil, et obtenir de Louis XIV qu'on revêtît les actes des princes de quelque solennité, parce que l'Angleterre l'exigeait impérativement. On finit par tomber d'accord.

Lord Bolingbroke se hâta d'en instruire sa cour. Un courrier haletant apporta l'acte de renonciation de Philippe V (1); cet acte avait été fait devant les Cortès *por estamentos*, en présence de l'ambassadeur d'Angleterre. « Le roi des Espagnes et des « Indes, considérant la nécessité de mettre un terme « à la guerre européenne, renonçait de son propre « mouvement et libre volonté, pour lui, ses succes- « seurs et ses héritiers, à la couronne de France ; « déclarant lui et sa postérité exclue, nonobstant « tout acte contraire ; son droit devait passer au « duc de Berry, son frère, et, à défaut d'héritiers « mâles, au duc d'Orléans, ou même au duc de « Bourbon, son cousin, sans que lui pût jamais « être roi de France. » Le même courrier remit une lettre autographe de Philippe V au duc de Berry pour lui confirmer, dans les termes les plus formels et les expressions les plus intimes, l'acte qu'il avait juré en présence des Cortès.

Immédiatement après que cette renonciation eut été reçue à Fontainebleau, le Conseil s'assembla pour formuler de pareils actes de la part des ducs de Berry et d'Orléans ; le vicomte de Boling-

_____

(1) Voir, à la fin de la brochure, le texte exact de cette renonciation.

broke voulut présider aux termes de leur rédaction, aussi explicites que la renonciation du roi d'Espagne. Le duc de Berry déclarait qu'en aucune hypothèse il ne pourrait être appelé à la couronne de Philippe V, soit par mariage, soit par succession, soit par testament. Le duc d'Orléans ajoutait qu'il renonçait à cette couronne, aussi bien du chef de Philippe V, son neveu, que de celui d'Anne d'Autriche, son aïeule. Bolingbroke exigea des formules de serment, des déclarations jurées sur l'Evangile. L'Angleterre souhaitait toutes ces garanties, parce que les tories avaient besoin de justifier en plein Parlement les négociations qui se poursuivaient à Paris.

Ces renonciations, dit un historien du règne de Louis XIV, étaient satisfaisantes pour le cabinet du comte d'Oxford; mais la difficulté d'une sanction nationale restait tout entière; Louis XIV avait persisté dans son refus d'une convocation des Etats généraux ; il voulait qu'on se fiât au texte des renonciations faites sous le scel royal. Bolingbroke avait rejeté cette forme; Prior, l'ami et le plus intime confident de Bolingbroke, venait d'arriver à Fontainebleau, porteur d'une lettre autographe de la Reine pour Louis XIV ; il se joignit à Bolingbroke, et par l'entremise du duc de Beauvilliers, on arrêta, sous l'autorisation du Roi, que le Parlement de Paris serait convoqué en assemblée générale, avec les ducs et les pairs en leurs sièges. Là, on ferait lecture des divers actes de renonciation *du roi d'Espagne et des princes français* ; ces actes devaient être authentiquement enregistrés, POUR FAIRE PARTIE ENSUITE DE LA CONSTITUTION DE L'ETAT. *Ce plan fut soumis à Louis XIV*, QUI L'APPROUVA, sur les instances de son Conseil.

Au jour indiqué pour cette solennité parlementaire, M. de Mesmes, premier président, et MM. les conseillers de toutes les chambres, « en robes « rouges et en belle cérémonie », se réunirent au Palais de justice ; à midi, après la buvette, on vit partir du Louvre et du Palais-Royal un grand cortège avec cavaliers et carrosses : c'étaient MM. les ducs de Berry et d'Orléans qui s'avançaient vers le Palais de justice, suivis des ducs et pairs, revêtus de leurs insignes, la plupart avec leur poitrine décorée du cordon bleu de l'Ordre du Saint-Esprit. Les princes prirent place en leurs bancs, et les pairs derrière eux ; quand l'assemblée eut fait silence, M. le Premier Président donna lecture de l'acte de renonciation des princes, et le duc de Berry s'écria : « Je le jure. » Puis vint le tour de M. le duc d'Orléans, qui prononça le même serment. Le Procureur général requit que ces pièces seraient registrées en la Cour.

On voit, par les détails historiques qui précèdent, et que nous avons tenu à rappeler entièrement, que les renonciations ont été solennelles.

Reprenons la question : sont-elles nulles parce qu'elles n'ont pas été faites devant les Etats généraux, ou ratifiées par eux, comme le voulait l'Angleterre ?

Il n'est pas inutile de rechercher quel était exactement, sous l'ancienne monarchie, le rôle des Etats généraux.

Ce rôle ne doit pas être exagéré, ni surtout être apprécié comme si l'ancienne monarchie existait au dix-neuvième siècle. Les Etats généraux, presque toujours assemblés avec précipitation, et dans des conjonctures extrêmes ou très pressantes, n'avaient point de dépôts de lois, ni des usages consacrés, ainsi que les Parlements des Iles Britanniques ou les Diètes de l'Empire ; ils semblaient ne pas faire partie de la législation suprême, quoique reconnus législateurs dans les occasions les plus solennelles et les conjonctures les plus épineuses. A cet égard, le contraste offert par la France et l'Angleterre est des plus étranges ; tandis que nous laissâmes tomber à chaque génération, et un à un, nos plus antiques usages, nos voisins, qui les reçurent de nous comme une sorte d'indemnité de la conquête normande, les conservèrent avec un soin jaloux ; les traces en sont profondément marquées, aujourd'hui même, dans les formes du Parlement britannique ; et Hume dit positivement que les prérogatives des pairs et la liberté des communes ont pris naissance chez les Français.

Les Etats généraux se sont réunis pour la première fois en 1302. Les documents détaillés et certains sur ces Etats manquent complètement. Les Etats qui suivirent la première assemblée de 1302 déterminèrent la concession de plusieurs chartes de province, dans lesquelles on trouve les premières garanties de la liberté individuelle et la nécessité reconnue du vote des trois Etats pour l'établissement de l'impôt.

Plus tard, leur action devint plus marquée sur les affaires générales.

Les résolutions des Etats généraux de 1355, auxquelles une ordonnance royale donna sur-le-champ force de loi, contiennent et dépassent même, sur quelques points, les garanties modernes dont se compose le régime de la monarchie représentative. On y trouve l'autorité partagée entre le Roi et les trois Etats représentant la nation et représentés par une commission de neuf membres ; l'assemblée des Etats s'ajournant d'elle-même à terme fixe ; l'impôt réparti sur toutes les classes de personnes et atteignant jusqu'au Roi ; le droit de percevoir les taxes et le contrôle de l'administration financière donnés aux Etats agissant par leurs délégués à Paris et dans la province ; l'établissement d'une milice nationale par l'injonction faite à chacun de s'équiper d'armes selon son état ; enfin, la défense de traduire qui que ce soit devant une autre juridiction que la justice ordinaire ; l'abolition du droit de prise ou de réquisition forcée pour le service royal, et la suppression des monopoles exercés sous le nom de tierces personnes par les officiers royaux ou seigneuriaux.

C'est surtout aux Etats tenus à Tours en 1484, sous la minorité de Charles VIII, que les grands principes du droit public français furent posés avec le plus d'autorité. Dès cette époque, une distinction importante, qui a continué d'être, pendant toute la durée de l'ancien régime, une garantie de liberté pour les sujets et un principe de force pour l'Etat, s'est établie entre les *lois du Roi* et les *lois du Royaume* ou *lois de l'Etat.* Les lois du Roi pouvaient être modifiées ou abrogées selon les nécessités du temps ; les lois du Royaume, au contraire, étaient annexées, comme disent les anciens jurisconsultes, et unies à la Couronne, et le prince n'y pouvait déroger. C'est ainsi que la nécessité du consentement de l'impôt, l'inaliénabilité du domaine de la

Couronne, l'ordre de succession au trône (1), le principe que le royaume ne pouvait être démembré par un traité de la royauté avec une puissance étrangère, l'inamovibilité des offices de judicature, faisaient partie des lois dites *lois du Royaume*.

Mais, en dépit des maximes qui avaient retenti à la tribune de 1484, rien ne changea, dit M. Augustin Thierry, quant au caractère des Etats généraux ; ils furent, depuis lors, ce qu'ils étaient auparavant, un recours suprême dans les temps de crise, non une institution régulière et permanente.

Les Etats généraux de 1484 avaient demandé que leur droit d'intervention fût déclaré permanent, et leur tenue périodique ; entre ce vœu et l'inauguration du gouvernement par assemblées, il s'écoula plus de trois siècles. Dans cet intervalle, se place un grand fait, particulier à notre histoire, le rôle politique du Parlement de Paris. C'est du sein de la corporation de bourgeois légistes, qui, investie de l'autorité judiciaire, avait fondé pour le Roi le pouvoir absolu et pour la nation le droit commun, que sortit, au seizième siècle, le contrôle des actes du Gouvernement.

---

(1) Nos adversaires pourraient nous arrêter ici, et nous dire : « Vous le déclarez vous-même : l'ordre de succession au trône ne « pouvait, étant loi du Royaume, être modifié qu'avec le concours « de la nation. » Nous avons déjà, au § Ier, répondu en partie à cette objection. Mais nous pouvons ajouter que si ces *lois du Royaume* doivent être scrupuleusement respectées, il faut dire de même qu'il fallait l'intervention des Etats généraux pour valider les traités qui « démembraient » le Royaume. Or, qui viendrait, se basant sur ce motif, déclarer nuls les traités qui ont démembré la France depuis 1484 jusqu'en 1789 ? Où voit-on que ces traités, passés par la Royauté avec une puissance étrangère, aient été ratifiés par les Etats généraux ?

Le droit *absolu*, — en admettant que ces principes aient été le droit absolu jusque sous Louis XIV, et nous verrons le contraire — devrait, de même, nous forcer à déclarer nuls les *décrets-lois* de Napoléon Ier et ceux du Prince-Président pour inconstitutionnalité. Or, ce système ne se soutiendrait plus aujourd'hui.

« De simples formalités, sans conséquence appa-
« rente, l'usage de promulguer les édits royaux en
« cour de Parlement, et de les faire inscrire sur
« des registres que la Cour avait sous sa garde,
« ouvrirent à ce corps de judicature la route qui le
« conduisit à s'immiscer dans les affaires de l'Etat.
« Suivant les formes juridiques dont le Parlement
« ne se départait en aucune circonstance, l'enre-
« gistrement de chaque loi nouvelle avait lieu par
« suite d'un arrêt; or, nul arrêt n'étant rendu sans
« délibération préalable, de ce fait résulta peu à
« peu le droit d'examen, de critique, d'amende-
« ment, de protestation, et même de veto par le refus
« d'enregistrement. A l'époque où nous sommes
« parvenus (Louis XII), cette prétention à une part
« de la puissance législative ne s'était pas montrée
« au grand jour ; mais elle couvait, pour ainsi dire,
« sous des apparences de soumission absolue à la
« volonté royale et de ferme propos à ne point
« s'aventurer hors du cercle des fonctions judi-
« ciaires. Le règne de Louis XII vit commencer le
« double changement *qui fit de la haute cour de*
« *justice une sorte de pouvoir médiateur entre le*
« *trône et la nation*, et des vieux ennemis de toute
« résistance à l'autorité du prince, les avocats de
« l'opinion publique, des magistrats citoyens usant
« de leur indépendance personnelle pour la cause
« de tous (1). »

Dès lors, M. de Torcy n'avait-il pas raison de
dire, dans sa dépêche à lord Saint-John, que « les
« Etats généraux de France n'étaient pas une
« assemblée régulière et périodiquement convo-

<hr>

(1) Augustin Thierry, *Essai sur l'histoire du Tiers-État*, page 103.

« quée comme le Parlement d'Angleterre ; qu'une
« renonciation bien formelle, écrite et registrée en
« Parlement, devait suffire ; que les Parlements, en
« France, avaient succédé à quelques-unes des
« prérogatives des Etats généraux, et qu'ils étaient
« en ce moment la seule autorité légalement recon-
« nue pour examiner les traités » ?

Et, plus tard, qui fut dépositaire du testament de
Louis XIV? Qui fut appelé à le modifier, sinon le
Parlement « garni de pairs », comme le Parlement
« garni de pairs » qui enregistra les renonciations ?

§ III.

« Nous ne pensons pas, dit M. de Lansade (*Uni-*
« *vers* du 20 septembre 1883), que le droit de M. le
« Comte de Paris réside où on le place, ou du moins
« qu'il y ait son plus solide appui : nous voulons
« dire la renonciation à la couronne de France,
« faite par Philippe V à la paix d'Utrecht. A suivre
« l'opinion commune, ce serait le meilleur titre de
« la maison d'Orléans. Est-il indiscutable? N'y a-t-il
« pas quelques difficultés ? Et d'abord, le Royaume
« de France est-il dans le commerce, soit privé, soit
« public, qu'il puisse devenir l'objet de traités sur
« la succession, de stipulations, de renonciations
« valables ? A supposer même qu'il en fût ainsi, un
« prince a-t-il le pouvoir d'engager ses descendants
« en toute matière, d'abdiquer pour soi-même et
« pour toute sa postérité ? Nous ne le pensons pas.
« Si les règles du droit civil ne sont pas toujours
« applicables au droit public, c'est par exception
« qu'elles y sont inapplicables. Eh bien! n'est-ce pas

« une règle élémentaire que toute convention sur
« une succession non encore ouverte, que toute
« acceptation et toute renonciation faite ou stipulée
« à l'avance est radicalement nulle ? Et n'est-ce pas
« le cas de la renonciation du petit-fils de Louis XIV
« à ses droits éventuels sur la couronne de France,
« pour lui et pour ses descendants ? »

Ainsi donc, suivant nos adversaires, en admettant
que Philippe V ait eu le droit de renoncer, cette
renonciation devait lui être personnelle, parce que
le droit civil interdit les renonciations à une succession non encore ouverte.

Avouons-le franchement : ce n'est pas sans étonnement que nous voyons intervenir dans le débat
les règles invoquées du droit civil.

Que disent ces règles ?

Article 791 du Code civil : « On ne peut, même
« par contrat de mariage, renoncer à la succession
« d'un homme vivant, ni aliéner les droits éven-
« tuels qu'on peut avoir à cette succession. »

Article 1130 du même Code : « Les choses futures
« peuvent être l'objet d'une obligation. — On ne
« peut cependant renoncer à une succession non
« ouverte, ni faire aucune stipulation sur une pareille
« succession, même avec le consentement de celui
« de la succession duquel il s'agit. »

Article 1600 : « On ne peut vendre la succession
« d'une personne vivante, même de son consente-
« ment. »

Nous ferons tout d'abord remarquer à nos adversaires qu'ils n'ont pas le droit de nous parler de succession, ni de textes relatifs au droit successoral,
puisqu'ils nous déclarent eux-mêmes que le Royaume
de France n'est pas dans le commerce, soit privé,

soit public, et ne peut devenir l'objet de traités sur la succession, de stipulations, de renonciations valables.

Prenons cependant ces articles qu'ils nous opposent.

On connaît le but que se proposait le législateur en édictant ces prohibitions. Bigot-Préameneu dit, dans l'Exposé des motifs du Code, que ces conventions sont réprouvées parce qu'elles sont contraires à l'honnêteté publique. C'est l'expression de Pothier : « Il y a des choses qu'il est contre la décence et « les bonnes mœurs d'espérer, telles qu'une succes- « sion future, que l'on ne pourrait espérer qu'en « espérant la mort de la personne qui doit y don- « ner ouverture ; ce que les bonnes mœurs ne per- « mettent pas ». Une espérance coupable pourrait faire naître des pensées criminelles. Les « pactes successoires » sont donc contraires aux bonnes mœurs et à l'ordre public (1).

On le voit : il suffit de citer ces articles, de rappeler leur raison d'être, d'en indiquer l'esprit, pour démontrer qu'ils sont inapplicables en l'espèce.

Au surplus, — si l'on veut des textes de droit civil, — qu'est-ce, après tout, que l'acte de 1712 ? C'est une renonciation faite par Philippe V, stipulant tant pour lui-même qu'au nom de ses héritiers et successeurs, « *por mi mismo, por mis herederos y subcesores* » — à la couronne de France ; c'est une stipulation d'un caractère actuel, faite pour soi et pour ses héritiers ; elle rentre dans les termes de

____

(1) V. Bigot-Préameneu, *Exposé des motifs*, n° 25 ; — Locré, VI, p. 152 ; — Pothier, *Obligations*, n° 132 ; *Vente*, n° 527 ; — L. 30, C., *de pactis* (II, 3) : « *Hujusmodi pactiones odiosæ esse videntur et plenè tristissimi et* PERICULOSI EVENTUS ». — Cass. 11 novembre 1845.

l'article 1122 du Code civil, aux termes duquel on peut stipuler valablement tant pour soi que pour ses héritiers.

Dira-t-on que l'acte est nul parce qu'il a pour objet des *droits éventuels* ? Invoquera-t-on l'article 1108 C. civ. qui exige, pour la validité d'une convention, un *objet certain* qui forme la matière de l'engagement ?

Mais il est parfaitement évident, — et l'article 1130 C. civ. le dit lui-même ! — qu'une chose future peut faire l'objet d'un contrat ; tout ce que la loi exige, c'est que l'objet qui forme la matière de l'engagement soit *certain*, c'est-à-dire bien *déterminé* ; peu importe, dès lors, qu'il s'agisse de choses futures ou de droits purement éventuels ! Peu importe que cet objet ne consiste que dans une simple espérance, comme, par exemple, les bénéfices que Titius pourra retirer de telle entreprise, ou les fruits à naître du fonds Cornélien en 1884 ! Ces principes sont, en droit, l'évidence même.

Ajoutons, en terminant, que l'applicabilité au droit public des règles du droit civil qui gouvernent ces matières aurait besoin d'être démontrée ; si nous avons cité des articles du Code civil, nous n'avons fait que suivre nos adversaires sur ce terrain.

§ IV.

Le quatrième argument qu'on nous oppose est-il plus heureux ? Nous ne le pensons pas.

Louis XIV, en acceptant pour le duc d'Anjou la couronne d'Espagne, lui conserva, par lettres-patentes solennelles de décembre 1700, son rang entre le duc de Bourgogne et le duc de Berry, lui maintenant d'une manière irrévocable ses droits au trône de France ; et l'on fait remarquer que ces lettres-patentes étaient exactement semblables à celles que Henri III, en 1573, et le prince de Conti, en 1697, avaient emportées en Pologne, quand ils y furent nommés rois.

Quelle est la valeur de ce document ?

Pour le bien apprécier, nous croyons devoir le reproduire *in extenso*.

« Louis, par la grâce de Dieu, roi de France et « de Navarre,

« A tous présents et à venir, salut.

« Les prospérités dont il a plu à Dieu de nous « combler pendant le cours de notre règne, sont « pour nous autant de motifs de nous appliquer « non seulement pour le temps présent, mais encore « pour l'avenir, au bonheur et à la tranquillité du « peuple dont la divine Providence nous a confié « le gouvernement. Ses jugements impénétrables « nous laissent seulement voir que nous ne devons « établir notre confiance ni dans nos forces, ni « dans l'étendue de nos Etats, ni dans une nom- « breuse postérité ; et que ces avantages, que nous « recevons uniquement de sa bonté, n'ont de soli- « dité que celle qu'il lui plaît de leur donner. « Comme il veut cependant que les rois qu'il choisit « pour conduire ses peuples prévoient de loin les « événements capables de produire les désordres « et les guerres les plus sanglantes, qu'ils se ser- « vent pour y remédier des lumières que sa divine « sagesse répand sur eux, nous accomplissons ses « desseins, lorsque, au milieu des réjouissances « universelles de notre royaume, nous envisageons

« comme une chose possible un triste avenir, que
« nous prions Dieu de détourner à jamais. En même
« temps que nous acceptons le testament du feu
« roi d'Espagne, que notre très cher et très amé
« dauphin renonce à ses droits légitimes sur cette
« couronne en faveur de son second fils d'Anjou,
« notre très cher et très amé petit-fils, institué
« par le feu roi d'Espagne son héritier universel ;
« que ce prince, connu présentement sous le nom
« de Philippe V, roi d'Espagne, est près d'entrer
« dans son royaume et de répondre aux vœux em-
« pressés de ses nouveaux sujets; ce grand événe-
« ment ne nous empêche pas de porter nos vues au
« delà du présent ; et lorsque notre succession•
« paraît la mieux établie, nous jugeons qu'il est
« également du devoir de roi et de celui de père, de
« déclarer pour l'avenir notre volonté, conforme
« aux sentiments que ces deux qualités nous inspi-
« rent. Ainsi, persuadé que le roi d'Espagne, notre
« petit-fils, conservera toujours pour nous, pour sa
« maison, pour le royaume où il est né, la même
« tendresse et les mêmes sentiments dont il nous a
« donné tant de marques; que son exemple, unis-
« sant ses nouveaux sujets aux nôtres, va former
« entre eux une amitié perpétuelle et la correspon-
« dance la plus parfaite ; nous croirions aussi lui
« faire une injustice, dont nous sommes incapable,
« et causer un préjudice irréparable à notre royaume
« si nous regardions désormais comme étranger
« un prince que nous accordons aux demandes
« unanimes de la nation espagnole. Pour ces cau-
« ses et autres grandes considérations à ce nous
« mouvant, de notre grâce spéciale, pleine puis-
« sance et autorité royale, nous avons dit, déclaré

« et ordonné, et par ces présentes signées de notre
« main, disons, déclarons et ordonnons, voulons
« et nous plaît que notre très cher et très amé
« petit-fils le roi d'Espagne conserve toujours les
« droits de sa naissance, de la même manière que
« s'il faisait sa résidence actuelle dans notre
« royaume. Ainsi, notre très cher et très amé fils
« unique le dauphin étant le vrai et légitime suc-
« cesseur et héritier de notre couronne et de nos
« Etats, et après lui notre très cher et très amé
« petit-fils le duc de Bourgogne, s'il arrive, ce qu'à
« Dieu ne plaise, que notre dit petit-fils le duc de
« Bourgogne vienne à mourir sans enfants mâles
« ou que ceux qu'il aurait en bon et loyal mariage
« décèdent avant lui, ou bien que lesdits enfants
« mâles ne laissent après eux aucuns enfants mâles
« nés en légitime mariage, en ce cas, notre petit-
« fils le roi d'Espagne, usant des droits de sa nais-
« sance, soit le vrai et légitime successeur de notre
« couronne et de nos États, nonobstant qu'il fût
« alors absent et résidant hors de notre royaume;
« voulant que pour les causes susdites notre petit-
« fils le roi d'Espagne ni ses enfants mâles ne
« soient censés réputés moins habiles et capables
« de venir à ladite succession ni aux autres qui
« leur pourraient échoir dans notredit royaume.
« Entendons, au contraire, que tous droits et autres
« choses généralement quelconques qui leur pour-
« raient à présent et à l'avenir compéter et appar-
« tenir, soient et demeurent conservées saines et
« entières, comme s'ils résidaient et habitaient con-
« tinuellement dans notre royaume jusqu'à leur
« trépas, et que leurs hoirs fussent originaires et
« régnicoles, les ayant à cet effet, en tant que de

« besoin est ou serait, habilités et dispensés, habi-
« litons et dispensons par cesdites présentes. Si
« donnons en mandement à nos amés et féaux
« conseillers les gens tenant notre Cour de Parle-
« ment et chambre de nos comptes à Paris, prési-
« dents et trésoriers généraux de France au bureau
« de nos finances établi audit lieu, et à tous autres
« officiers et justiciers qu'il appartiendra, que ces
« présentes ils fassent registrer et du contenu en
« icelles jouir et user notredit petit-fils le roi d'Es-
« pagne, ses enfants et descendants mâles en loyal
« mariage, pleinement et paisiblement, nonobstant
« toutes choses à ce contraires auxquelles, de nos
« mêmes grâce et autorité que dessus, nous avons
« dérogé et dérogeons. Car tel est notre plaisir ; et
« afin que ce soit chose ferme et stable à toujours,
« nous avons fait mettre notre scel à cesdites pré-
« sentes. Donné à Versailles, au mois de décem-
« bre, l'an de grâce mil sept cent et de notre règne
« le cinquante-huitième. *Signé* Louis, et sur le
« repli, par le roi, Phelypeaux. Et à côté, *visa* Phe-
« lypeaux. Et scellé du grand sceau en cire verte
« sur lacs de soie rouge et verte.

« Registrées, ouï et ce requérant le procureur gé-
« néral du Roi, pour être exécutées selon leur forme
« et teneur, suivant l'arrêt de ce jour. A Paris, en
« Parlement, le premier février mil sept cent un.
« *Signé* Dongois. Registrés en la chambre des comptes,
« ouï et ce requérant le procureur général du Roi,
« pour être exécutées selon leur forme et teneur,
« les bureaux assemblés en 1701.

« *Signé* : Richer. »

Nous n'avons qu'un mot à dire : cette ordonnance est formellement révoquée par un article du traité d'Utrecht.

Louis XIV considérait si bien cette ordonnance comme révoquée par le traité d'Utrecht, que nous le voyons, en 1714, effacer le lambel de bâtardise qui se trouvait sur le blason du duc du Maine et du comte de Toulouse, et appeler ces princes à la succession éventuelle de la Couronne.

N'est-ce point là une confirmation solennelle du traité d'Utrecht ?

En 1714, le grand Roi vit avec terreur que le seul héritier de la couronne royale était un enfant de cinq ans; que fit-il ? Si les Bourbons d'Espagne avaient encore eu des droits à cette époque (et, à ce moment, Philippe V avait trois fils : don Louis-Philippe, plus tard Roi sous le nom de Louis Ier ; don Philippe-Pierre-Gabriel, et don Ferdinand-Alphonse, plus tard Ferdinand VI), Louis XIV aurait-il songé un seul instant à donner sa célèbre ordonnance de Marly sur les princes légitimés? Nous ne le croyons pas.

§ V.

« *Il existe*, dit M. de Recquem, *un précédent, et « c'est la Maison d'Orléans qui le fournit.*

« Lors des mariages espagnols, en 1846, per-« sonne en France, ni en Espagne, ni ailleurs, NI « DANS LA DIPLOMATIE, ni surtout dans la famille de « Louis-Philippe, ne s'avisa que les enfants qu'au-« rait de son mariage le duc de Montpensier dus-« sent être exclus du trône d'Espagne, comme les « Bourbons d'Espagne et d'Italie, la branche aînée

« maintenant, le sont du trône de France. Pourtant,
« il y avait les mêmes raisons, et situations iden-
« tiques, à ne regarder que les conventions de la
« paix d'Utrecht. Le duc d'Orléans avait fait pour
« l'Espagne une renonciation semblable à celle
« du petit-fils de Louis XIV pour la France, tant
« pour lui que pour ses descendants.

« On dira que les enfants du duc de Montpen-
« sier viendraient à un autre titre, celui de leur
« mère ; ils n'en sont pas moins les descendants
« du duc d'Orléans de 1713. Au regard des puissan-
« ces, ils sont dans le même cas pour l'Espagne, que
« les Bourbons d'Espagne pour la France. »

Cet argument pour nous est sans valeur ; et c'est
avec un étonnement profond que nous voyons nos
adversaires *affirmer* que PERSONNE, dans la diplomatie, n'a songé à protester lors des mariages
espagnols.

Au contraire, si nous ouvrons l'histoire de cette
époque, nous voyons la Reine Victoria déclarer
que Louis-Philippe avait manqué aux engagements
pris à Eu ; nous voyons surtout Lord Palmerston
dénoncer le mariage de Mgr le duc de Montpensier
comme une violation du traité d'Utrecht.

§ VI.

Sous ce titre : « La vérité sur le décret de l'Assemblée nationale concernant l'hérédité salique »,
notre honorable ami, M. Paul Farochon, ancien
rédacteur en chef de la *Vraie France* de Lille, a
fait paraître une courte brochure dont nous tenons
à reproduire ici les principaux passages. De cette

façon, l'on ne pourra pas nous accuser de tronquer les arguments de nos adversaires.

Le vote insensé dit : *de la nuit du 4 août* (1789), avait eu lieu à la suite d'une gigantesque orgie offerte, chez les ducs de Liancourt et d'Aiguillon, et avec l'argent du duc Louis-Philippe-Joseph d'Orléans, à la droite orléaniste ; les fumées bachiques entraînèrent alors une partie de ces gentilshommes conspirateurs à un *steeple-chase* de générosités apparentes et leur firent sacrifier, *sans compensation*, les revenus de 200,000 familles de nobles provinciaux, de petite fortune, et qui n'avaient souvent à joindre, au produit de leurs petits « droits seigneuriaux », que la maigre pension de capitaine ou major en retraite, et la croix de Saint-Louis, tandis que les députés ducs jouissaient de larges rentes et de hautes charges à la Cour. Dans cette effervescence, le but poursuivi depuis deux ans, et ouvertement affiché lors de l'insurrection du 14 juillet, — la substitution des d'Orléans aux Bourbons, — fut perdu de vue en partie ; et, comme vengeance de cette déconvenue, la faction orléaniste se joignit à la janséniste pour refuser de déclarer rachetables les dîmes et autres revenus ecclésiastiques.

C'est alors que s'engagea la discussion sur le *veto*, qui fut déclaré *suspensif* et non absolu ; les orléanistes firent, en cette occasion, de grands efforts pour ne pas sacrifier tout le pouvoir royal, car ils s'attendaient à voir couronner leur chef au premier jour. Un incident, qui dévoila une de leurs espérances, mit en garde contre eux le reste de l'Assemblée, et ouvrit les yeux à quelques-uns des députés purement royalistes, qui avaient la naïveté de croire à la bonne foi de leurs collègues. Il fut saisi à l'Octroi de Paris une quantité de caisses remplies de *bombes* et de *cartouches* peintes aux armes d'Orléans avec cette exergue : *Vive Orléans !* Les plaques, ou cartouches, étaient, les unes en fonte, œuvre d'un nommé Gibiard, ciseleur, rue de l'Appe ; les autres (plus de 500), en plomb, et œuvre du fondateur Rousseau, rue Neuve-Saint-Méry, 54 ; il avait ses ateliers hors ville ; la demande était d'ordre de M. Sinau, graveur en titre de Mgr le duc d'Orléans, domicilié au Palais-Royal, n° 33. D'autres industriels parisiens avaient reçu un grand nombre de commandes semblables.

Les *bombes* s'adaptaient, par 4 trous, aux plaques ou cartouches (1). Il fut également saisi d'autres caisses des mêmes objets mêlées au bagage d'un régiment appartenant au duc d'Orléans; le tout fut porté au *Comité des recherches* de la Commune de Paris, composé en majorité d'orléanistes; il fallut cependant en donner connaissance au comité des recherches de l'Assemblée nationale, et l'affaire fut étouffée, mais non sans qu'il y eût quelque bruit; les députés en parlèrent au dehors, et l'opinion générale fut que Louis-Philippe-Joseph préparait l'ornementation de son prochain couronnement.

Cependant la question du *veto* passionnait en ce moment la Constituante; les partisans d'Orléans, mécontents du *veto suspensif*, firent entendre des paroles à double sens qui inquiétèrent les royalistes purs. Le baron de Juigné, se levant, réclama une déclaration solennelle sur l'*inviolabilité* de la personne royale, l'*hérédité* et l'*indivisibilité* de la couronne. L'Assemblée applaudit et rendit le décret suivant :

« DÉCRET :

« L'Assemblée nationale a reconnu par acclamation, et « déclare à l'unanimité des voix, comme un point fonda- « mental de la Monarchie française, que la personne du « roi est inviolable et sacrée ; — que le trône est indi- « visible ; — que la couronne est héréditaire dans la race « régnante, de mâle en mâle, par ordre de primogéniture, « à l'exclusion perpétuelle et absolue des femmes et de « leurs descendants. »

Le décret adopté, un député du Tiers, nommé Arnoux, de Dijon, demande que l'on décide « *si la branche ré- « gnante d'Espagne pourra régner en France, malgré les « traités européens.* » Mouvement général et exclamations.

L'évêque de Langres et le duc du Châtelet demandent l'ajournement de cette proposition. Mirabeau également. Mais des apostrophes s'échangent ; tous les regards sont

______

(1) Les armoiries d'Orléans étaient distinguées de celles de la branche régnante par un lambel à trois pendants d'argent.

fixés sur le duc d'Orléans. Celui-ci, qui perdait contenance dès qu'il se sentait regardé, sort ostensiblement, puis « *se glisse dans un des couloirs et va se tapir sous les gradins, pour ne rien perdre de la délibération* » (1).

Presque aussitôt, l'âme damnée du duc d'Orléans, le marquis de Sillery, absent depuis plusieurs jours de son banc pour cause de maladie, apparaît, pâle et fatigué, et va prendre sa place.

Là discussion s'échauffe ; Lepelletier de Saint-Fargeau, ami du duc d'Orléans, réclame l'ajournement ; les royalistes, irrités et flairant le piège, veulent une discussion immédiate quant au fond, et la font demander par M. de Virieu. Ici se place un incident caractéristique. Sillery fait signe de son banc, obtient le silence, et quand toutes les têtes sont tournées vers lui, attentives, il tire des papiers de son gilet et dit, « d'un air niais » (sic) :

« *Je me trouve* PAR HASARD *dans la poche les lettres* « *patentes de* 1715, *et la renonciation du roi d'Espagne,* « *pour lui et ses successeurs, à la couronne de France.* »

A ce *hasard*, un éclat de rire formidable part des bancs royalistes, et la gauche elle-même s'y joint de bon cœur. Vainement les orléanistes essayent-ils d'arranger l'affaire. Dans l'Assemblée et dans les tribunes, on rit à gorge déployée des *hasards* de Sillery, qui est obligé de se rasseoir et de se taire. Les royalistes obtiennent la discussion immédiate. Ils demandent le maintien pur et simple du décret ; Mirabeau les accuse de « vouloir introduire la domination étrangère » (sic) ; Rewbel, après une seconde lecture de la déclaration, propose d'enlever les mots *par ordre de primogéniture*, « parce que, dit-il, si cette rédaction subsistait, *il est clair que l'Espagne pourrait prétendre à la succession.* »

On était ainsi entré dans le vif de la question. Le duc de Mortemart ayant fait observer que le sens des renonciations d'Utrecht était celui-ci : *Les deux couronnes de France et d'Espagne ne peuvent être réunies sur une même tête*, mais que le droit public français admettait (comme en tout pays monarchique) les branches passées à l'étranger, Mirabeau s'emporta et accusa l'opinant de

(1) Montjoie : *Conjuration d'Orléans.*

tendre « à faire croire que des individus pensent léguer des nations comme de vils troupeaux », et de vouloir « donner à la France un roi malgré la nation » ; — bref, tous les lieux communs républicains. Mais d'Eprémesnil, qui était bien revenu de ses premiers égarements politiques, et n'en avait conservé que la salutaire leçon de l'expérience, traita la question de droit public avec son admirable talent de juriste, qui faisait autorité dans le Parlement, et conclut avec force au maintien intégral de la succession des branches d'Anjou, en vertu de la loi salique, loi fondamentale, « sans laquelle il n'y a plus de raison de principe pour maintenir la Monarchie française ».

Mirabeau était résolu à barrer à tout prix la route du trône à la branche d'Espagne. Il interrompit violemment d'Eprémesnil, se fit rappeler à l'ordre, brava le règlement selon son habitude, et se moqua de la *loi salique*. La gauche, incertaine, se partagea sur divers amendements. Il fallut remettre la suite au lendemain.

Le soir, Mirabeau chercha à concilier des voix en faveur du duc d'Orléans.

Le comte de Virieu raconte, dans ses mémoires, la conversation qu'ils eurent ensemble, en présence du comte d'Egmart et du duc d'Havré. De Virieu s'efforça d'amener Mirabeau à prendre part : *soit pour l'ajournement à l'époque où la question se présenterait, soit pour la décision immédiate, qui ne pouvait être, en droit comme en intérêt, qu'en faveur de l'Espagne.* Il appuya sur l'ajournement, attendu le grand nombre de têtes successibles existantes dans la famille royale. Mais Mirabeau lui affirma que Louis XVI et son frère *Monsieur* (le comte de Provence) ne vivraient pas longtemps, « attendu leur état pléthorique » (c'était un des refrains des d'Orléans), et que le Dauphin était très chétif. Laissons parler M. de Virieu :

« Je lui marquai, dit-il, mon étonnement de ce qu'il oubliait M. le comte d'Artois et ses enfants. Sur quoi il me répondit que, dans le cas où l'événement se présenterait *d'ici à un temps peu éloigné*, il fallait avouer qu'on pouvait regarder M. le comte d'Artois comme fugitif, ainsi que ses enfants et, d'après ce qui s'était passé, comme à peu près *ex-lex pour au moins environ dix ans* ».

Dans une autre conversation avec Mounier Bergasse, Mirabeau s'écria, en réponse à une déclaration royaliste de Mounier : « Mais, bonhomme que vous êtes, avec tout « votre esprit, vous n'êtes qu'un sot. Qui est-ce qui vous dit « qu'il ne faut pas un roi ? Je veux un roi tout comme vous ; « *mais qu'importe que ce soit Louis XVI ou Louis XVII* « (il voulait dire Louis *d'Orléans*) ? Faut-il donc abso- « lument que ce soit ce PETIT BAMBIN qui nous gou- « verne ? »

Le bambin, c'était le Dauphin. Ainsi, dans sa pensée, Mirabeau supprimait le roi (pour sa *pléthore*), le Dauphin au besoin (*état chétif*), le comte de Provence (*pléthore*), mettait hors la loi le comte d'Artois et sa famille, biffait la branche d'Anjou, et finalement installait le duc d'Or- léans sur le trône, — ce duc dont il disait qu'il lui fau- drait *un homme, vir*, pour gouverner à sa place. L'homme c'eût été Mirabeau. On voit que Mirabeau fut, dans toute cette discussion, le chef de l'orléanisme, qui comptait de nombreux partisans dans l'Assemblée, surtout parmi les membres de l'ancien Tiers-État ; les ambitions étaient éveillées.

Mais la victoire lui échappa ; quelque influence qu'il eût, la cause était trop mauvaise. Le lendemain, malgré tous ses efforts, il ne put empêcher la droite royaliste de rester unie contre lui. Les groupes indépendants, dési- reux de vider la question par principes, proposèrent suc- cessivement les deux amendements suivants :

1" Ajouter à la déclaration ces mots : « *Et, en cas de défaillance d'enfants mâles et légitimes dans la maison des Bourbons régnant en France, la Nation s'assemblera par ses représentants pour en délibérer.*

2° (Proposé par Target) : Ajouter au texte de la décla- ration : «..... *Sans entendre rien préjuger touchant l'effet des renonciations, sur lequel cas arrivant, une Convention nationale prononcera.*

Le tumulte devint très grand ; les deux amendements furent écartés, et les orléanistes réclamèrent l'appel nomi- nal sur la rédaction définitive de la déclaration, ce qui produisit une grande effervescence. Les royalistes se levèrent alors en masse ; ce mouvement entraîna la gauche, et l'on vota par acclamation : 1° l'inviolabilité royale ; 2° l'indivisibilité du trône ; 3° l'hérédité de mâle en mâle, *par ordre de primogéniture.*

Il semblait qu'après les explications de la veille tout dût être terminé. Mais, à cause même du sens reconnu aux mots « par ordre de primogéniture » qui laissait présumer l'accession de la branche d'Anjou, les orléanistes réclamèrent, non quant aux principes qu'ils admettaient, mais quant aux conséquences, entre autres celle du « mode de succession », et ils demandèrent qu'on allât aux voix séparément sur chacun des trois principes. D'autres répondirent en demandant l'appel nominal sur l'ensemble. L'Assemblée, consultée, ne se prononça pas ; il y eut deux épreuves douteuses. Le tumulte recommença. Les orléanistes criaient à *l'introduction de l'étranger sur le trône* ; l'abbé Maury déclarait que l'Assemblée ne pouvait juger sans avoir entendu l'avis des princes intéressés ; l'évêque de Chartres fit à son tour observer que, la maison d'Orléans étant en jeu, il y avait dans l'Assemblée des personnes attachées par fonction à cette Maison et récusables comme telles, et qui auraient dû s'abstenir de voter.

Cette juste remarque exaspère Mirabeau. Il s'élance à la tribune en agitant sa *hure*, déclare qu'il se moque des parchemins, qu'il ne voit que l'intérêt national, que le « procureur le plus renommé pour sa mauvaise foi n'oserait pas refuser » de juger comme lui, et traite Louis XIV (à cause des lettres patentes par lesquelles il maintient la succession de la branche d'Anjou) de « monarque asiatique ».

Comme le dit Montjoie, il délirait. *A l'ordre !* crient les royalistes. Mirabeau, avec son impudence des grands jours, parle de la superstitieuse idolâtrie « de la droite pour Louis XIV, principal destructeur de la liberté » (*sic*); puis il s'écrie ironiquement : « Je suis donc dans l'ordre, « et je continue....

« Je défie qu'on ose me nier que toute nation a le droit « de choisir ses chefs et de déterminer leur succession ! »

— *Ils sont choisis,* s'écrie la droite, c'est la maison capétienne.

— *Aux voix !* crie la gauche.

Mais l'orateur continue, tonne, menace, accuse « le sacerdoce de vouloir l'Inquisition et le patriciat, la Grandesse », puis tourne bride subitement, et conclut, en descendant, que l'article de l'hérédité soit revu et corrigé *hors de l'Assemblée.*

Cette proposition fut repoussée, et l'on convint d'en finir le lendemain par l'appel nominal sur la rédaction. Or, l'appel nominal (comme le fait très bien remarquer un auteur du temps) était une véritable liste de proscription contre ceux qui osaient tenir tête à la faction dominante, — alors l'Orléanisme — : aussi manqua-t-il, le lendemain, plus de deux cents députés. Il y eut en tout *neuf cent soixante dix-neuf* votants, dont *cinq cent quarante-un* votèrent pour faire mettre au procès-verbal l'ensemble des trois principes énoncés la veille comme résultant de l'unanimité des suffrages ; — et *quatre cent trente-huit* votèrent pour la discussion particulière sur chaque principe. Ce qui prouva, dit Montjoie, qu'il y avait en ce moment quatre cent trente-huit députés résolus à faire couronner le duc d'Orléans.

Un second appel nominal eut lieu, touchant la rédaction à adopter. On présenta celle de l'avant-veille, avec l'adjonction suivante : « *sans entendre rien préjuger sur l'effet des renonciations.* »

Les royalistes, contents d'avoir écarté le danger immédiat d'usurpation, votèrent cette rédaction, ainsi que beaucoup d'orléanistes tièdes, découragés par le scrutin précédent. Le duc d'Orléans fut très mortifié de ce résultat, et son confident Sillery s'en plaignit amèrement à un groupe de députés du Tiers, auxquels il adressa, peu de jours après, ces paroles : « *Les Communes ont manqué à M. le duc d'Orléans, qui s'est montré leur plus zélé partisan.*

Conclusion. De ce récit, emprunté aux témoins oculaires et annalistes contemporains, le lecteur conclura facilement :

1º Que la question de l'hérédité salique n'a paru douteuse que parce que le duc d'Orléans et son parti voulaient profiter des stipulations d'Utrecht pour écarter la branche d'Anjou, afin d'arriver plus vite audit résultat :

le détrônement de Louis XVI et la *suppression* des autres
Bourbons nés en France ;

2° Que les mots « par ordre de primogéniture » appel-
lent la branche d'Anjou à la succession de France, à la
suite des Bourbons aînés, et qu'ils étaient ainsi enten-
dus, au siècle dernier, par les plus éminents légistes,
entre autres d'Eprémesnil et Target ;

3° Que l'Assemblée constituante, tout en prononçant
clairement son avis en faveur de la tradition salique,
mais mue par le désir d'éviter une lutte avec le parti
violent que dirigeait Mirabeau, a renvoyé à d'autres le
droit de prononcer sur le traité d'Utrecht ;

4° Que, même en faisant cette concession, l'Assemblée
ne s'est pas cru le droit de transmettre à une Assemblée
subséquente la solution du litige. Elle a repoussé l'a-
mendement Turgot. Par conséquent, il faut, pour cette
solution, le dernier accord des princes de Bourbon —
d'une part— avec la Nation dûment et indépendamment
représentée, — d'autre part.

Nous n'aimons pas les gros mots. Mais il est impossible
de ne pas déclarer que toute autre manière de procéder,
toute autre tentative pour désigner l'héritier salique,
soit par des intrigues, des racontars, des appels à la sen-
sibilité, à la peur du spectre rouge ou à la corruption,
soit par un coup de force ou d'adresse, ou un vote surpris dans un Parlement gagné, — tout cela ne mériterait
qu'un nom : *escamotage de la couronne.*

La branche aînée des Bourbons, — la branche dite de
Bourgogne —est morte avec Henri V. L'hérédité salique
appelle *la branche d'Anjou.* Voilà qui est court et clair.
Si l'on objecte soit les traités, soit la nationalité *actuelle*
des héritiers saliques, soit l'impossibilité pour plusieurs
de cumuler deux couronnes, nous répondrons que ce
n'est pas en biffant la loi fondamentale de la succession
qu'on résout des difficultés de pure pratique, résolues
d'avance en théorie. Les princes, pas plus que la nation,
ne peuvent séparément modifier la loi salique ; mais ils
peuvent, *d'un consentement mutuel et formel*, en résoudre les difficultés d'application.

Si, par exemple, la république tombait demain, et que
la Nation revînt à la forme du droit, à la forme monar-

chique, le devoir des représentants du pays serait d'aller au-devant des princes, de spécifier selon la jurisprudence historique, quels sont les héritiers empêchés et les héritiers incapables ou indignes :—le premier héritier salique en dehors de ces cas serait le *Roi légitime*. (N'en déplaise à M. de Belcastel.)

Paul Farochon.

Telle est cette brochure (1).

M. Farochon en tire, nous venons de le voir, plusieurs conclusions :

1° Que la question de l'hérédité salique a paru douteuse pour tel motif qu'il indique. — Pour nous, le motif importe peu ; il n'en est pas moins vrai que la question a paru *douteuse*.

2° Que les droits des Bourbons d'Espagne étaient reconnus par « *les plus éminents légistes,* tels que d'Eprémesnil et Target ».

Nous ignorions que M. d'Eprémesnil fût un légiste éminent, et nous avouons ne pas connaître de lui un seul opuscule de droit ; quant à M. Target, dont la valeur juridique est indiscutable, nous ne voyons, ni dans la brochure qui précède, ni dans l'histoire, qu'il se soit prononcé en faveur des Bourbons d'Espagne ; il s'est borné à déposer un amendement portant : « Ajouter au texte de la déclaration ces mots : sans « entendre rien préjuger touchant l'effet des renon-« ciations, sur lequel cas une Convention nationale « prononcera. » Il nous semble que réserver une question, comme l'a fait M. Target, ou proposer de la réserver, ce n'est se prononcer ni pour ni contre.

—————

(1) Nos lecteurs remarqueront que nous avons laissé soulignés dans le texte les passages ou les mots que M. Farochon lui-même a soulignés.

On ne peut donc pas dire que la Constituante se soit prononcée.

Nous ferons néanmoins à M. Paul Farochon une concession : nous ne croyons pas à la sincérité de la distraction de M. de Sillery qui déclare trouver « par hasard » dans son gilet les papiers relatifs à l'affaire d'Espagne.

IV.

LES BOURBONS D'ESPAGNE SONT-ILS FRANÇAIS ?

Non, mille fois non !

« Les princes issus de Philippe V, dit M. de Rec-
« quem, n'ont pas cessé d'être Français ; le duc
« d'Anjou, en allant régner hors de France, emporta
« des lettres patentes du Roi, son grand-père, lui
« conservant pour lui et sa postérité le titre de
« *régnicole*. Pour enlever à ces lettres leur effet, il
« faudrait prouver qu'elles ont été révoquées par
« les renonciations imposées à la France, après une
« longue guerre suscitée par les puissances protes-
« tantes, donnant à leur jalousie le prétexte des
« droits de la Maison d'Autriche. Les Français qui
« ont appelé les princes de la Maison d'Anjou des
« princes étrangers, l'ont fait par ignorance d'un
« point important de leur histoire : ces princes
« eux-mêmes ont si peu renoncé à leur qualité de
« puînés de notre Maison royale, qu'ils portent
« tous sur leur blason l'écu de France avec la bri-
« sure d'Anjou. »

Nous trouvons le même argument dans le *Droit monarchique* du 27 janvier 1884 :

« Quand Philippe V est parti pour l'Espagne,
« Louis XIV lui a délivré des lettres patentes
« qui réservaient tous ses droits de prince fran-
« çais.

« Voilà pourquoi le grand Roi s'écriait : *Il n'y a*
« *plus de Pyrénées !*

« Ces lettres patentes, nous dira-t-on, ont été
« annulées par le Parlement.

« Mais c'était une condition imposée par l'en-
« nemi, par le traité d'Utrecht, que, dans votre
« patriotisme, vous ne pouvez reconnaître.

« Donc les Bourbons d'Espagne sont restés
« princes français. »

Ces lettres patentes de décembre 1700, dont nous
avons donné le texte plus haut, ont été annulées
par le Parlement Il nous semble que c'est déjà
quelque chose !

Peu importe, répond M. Joseph du Bourg : cette
annulation, étant une condition imposée par l'ennemi comme clause à insérer dans le traité d'U-
trecht, n'a pas de valeur, et le véritable patriotisme
ne peut l'invoquer.

Comment ! parce qu'une clause est imposée par
l'ennemi, elle n'oblige pas l'autre partie contrac-
tante !

Le traité d'Utrecht est un contrat loyalement
fait, loyalement accepté par les deux parties contractantes.

L'article 1109 de notre Code, — qui n'a aucu-
nement modifié sur ce point la législation française
qu'on suivait à l'époque du traité d'Utrecht — déclare formellement qu'il n'y a point de consentement valable, si le consentement n'a été donné que

par *erreur*, ou s'il a été *extorque par violence* (1) ou *surpris par dol*.

Est-ce le cas de l'espèce ? Poser la question, c'est la résoudre !

*
* *

D'ailleurs, comment se perd la qualité de Français ?

L'article 17 du Code civil est ainsi conçu :

« La qualité de Français se perdra :

« 1° Par la naturalisation acquise en pays étranger ;

« 2° Par l'acceptation, non autorisée par le chef « de l'Etat, de fonctions publiques conférées par un « gouvernement étranger ;

« 3° Enfin, par tout établissement fait en pays « étranger sans esprit de retour. »

Nous pouvons nous baser sur ce dernier paragraphe pour déclarer étrangers les Bourbons d'Espagne, puisqu'ils se sont « établis » en Espagne « sans esprit de retour ».

Mais nous avons d'autres textes.

D'après l'article 6 du décret du 6 avril 1809, les Français qui sont au service militaire d'une puissance étrangère (et qui l'est au plus haut degré qu'un Roi, généralissime, *imperator ?*) sont tenus de la quitter, au moment où les hostilités commen-

---

(1) Qu'on ne dise pas qu'on a fait *violence* à Louis XIV, car l'article 1112 du Code civil définit ainsi la violence : « Il y a « violence lorsqu'elle est de nature à faire impression sur une « personne raisonnable, et qu'elle peut lui inspirer la crainte « d'exposer sa personne ou sa fortune à un mal considérable et « présent. On a égard, en cette matière, à l'âge, au sexe et à la « condition des personnes. » — De plus, comme nous l'avons vu plus haut, Louis XIV, en appelant éventuellement au trône le duc du Maine et le comte de Toulouse, a formellement confirmé le traité d'Utrecht sur le point qui nous occupe.

cent entre cette puissance et la France, et de justifier de leur retour en France dans le délai de trois
mois, à compter du jour des premières hostilités ; et
l'article 19 du même décret prononce contre les con-
trevenants la peine de mort et la confiscation des
biens.

L'article 21 du Code civil porte que le Français
qui, sans autorisation du chef de l'Etat, prendrait
du service militaire chez l'étranger, perdra sa qualité de Français.

Ne résulte-t-il pas de ces textes combinés que les
Bourbons d'Espagne ont cessé d'être Français,
puisqu'ils ont pris les armes contre la France sous
le premier Empire ?

En supposant que les fameuses lettres patentes
de 1700 n'aient pas été annulées, en supposant
Charles IV, roi d'Espagne, encore Français avant
Napoléon Ier, il a perdu sa qualité de Français sous
le premier Empire.

Mais, nous dit-on, prenez-y garde ! Votre argument se tourne contre vous, car Louis-Philippe
servait dans l'armée de Charles IV !

Comme ce fait a été plus d'une fois affirmé, et
qu'il est absolument inexact, nous tenons à en
démontrer l'inexactitude absolue, l'histoire à la
main.

En 1807, le comte de Beaujolais, frère de Louis-
Philippe, languissait, attaqué d'une maladie de poitrine ; les médecins de Londres lui conseillèrent de
se transporter dans un climat plus doux que celui
de l'Angleterre. L'état de l'Europe ne laissait de
choix qu'entre Malte et Madère ; mais il ne consen-
tit à entreprendre ce voyage que sur la promesse

que lui fit Louis-Philippe de l'accompagner. Les deux frères arrivèrent à Malte dans les premiers jours de mai 1808. Mais là, les médecins ayant déclaré que l'air de cette île était pernicieux pour le malade, le duc d'Orléans écrivit au roi de Sicile, Fredinand IV, pour obtenir la permission de transporter son frère sur le mont Etna. Mais, avant l'arrivée de la réponse, le comte de Beaujolais avait cessé de vivre. Le duc d'Orléans, pour s'arracher au spectacle douloureux des funérailles de son frère, s'embarqua pour Messine. C'est là qu'il reçut la réponse qu'il attendait de Ferdinand IV ; elle était conçue dans les termes les plus flatteurs, et contenait une invitation de se rendre à Palerme. Il partit pour cette capitale, où se trouvait alors la cour de Sicile. Il y fut accueilli par la reine Marie-Caroline, et le roi ne tarda pas à lui laisser entrevoir dans ses entretiens le désir de l'avoir un jour pour son gendre. C'était l'époque où Napoléon, pour placer une couronne de plus sur la tête de ses frères, avait entrepris la guerre d'Espagne, guerre si impolitique et si désastreuse. Ferdinand IV, jaloux de soutenir les droits de sa famille, crut devoir envoyer en Espagne Léopold son second fils, et engagea le duc d'Orléans à l'accompagner, pour aider ce jeune prince de ses conseils et de son expérience ; il s'agissait de défendre l'indépendance d'un peuple généreux ; le duc d'Orléans accepta cette mission. L'ambassadeur anglais à Palerme avait ouvertement encouragé le départ des deux princes, et autorisé leur passage sur un vaisseau de guerre anglais. Quelle fut donc leur surprise lorsqu'arrivés à Gibraltar, le gouverneur de cette forteresse leur déclara qu'il ne les laisserait point entrer en Espagne! Le prince Léopold fut retenu deux mois à Gibraltar, et le duc d'Orléans conduit en Angleterre sur le même vaisseau qui les avait amenés de Palerme. Arrivé à Londres en septembre 1808, il se plaignit de la conduite du gouverneur de Gibraltar. On lui répondit que cette conduite était en harmonie avec les intentions du gouvernement anglais. Le duc d'Orléans sollicita du moins la faculté d'aller retrouver sa mère qui était à Figuières. Ce ne fut pas sans difficulté qu'il obtint de sortir d'Angleterre par une frégate dont le commandant avait ordre de le conduire à Malte, mais de ne le point laisser approcher des côtes d'Espagne. Il allait s'embarquer à Portsmouth lorsqu'il fut rejoint par la princesse sa sœur, qui l'avait vainement cherché tant à Malte qu'à Gibraltar. Il fit voile avec elle pour la Méditerranée, et arriva à Malte au commencement de 1809. Il écrivit aussitôt à la duchesse d'Orléans sa mère pour tâcher d'arranger une entrevue avec elle, et lui envoya le chevalier de Broval, qui l'avait accompagné dans la Méditerranée ; mais les obstacles se multipliaient au lieu de s'aplanir. Il crut devoir se rendre de nouveau à la cour de Palerme.

Les choses avaient changé de face pendant son absence ; le même esprit qui, depuis tant d'années, n'avait point cessé de lui susciter partout des embarras ou des ennemis, avait cherché à le calomnier aux yeux de la reine. Cependant, il parvint à dissiper ces fallacieuses préventions. La reine consentait à lui donner en mariage la princesse Amélie, qui avait fixé ses regards et son cœur ; mais le prince, désirant que la duchesse d'Orléans, sa mère, fût témoin de cette union, lui demanda de nouveau une entrevue, soit en Sicile, soit en Sardaigne. Il passa même à Cagliari pour faciliter cette entrevue, et il y avait attendu vainement sa mère, lorsque sa sœur lui écrivit de Malte que le gouvernement anglais ne s'opposait plus à leur passage au port Mahon : elle vint le chercher à Palerme, où il était revenu, non sans avoir couru risque, pendant le trajet, d'être pris par les barbaresques. Il fit voile pour Mahon, où, après seize années de séparation, il eut le bonheur de revoir sa mère; et ce qui restait de la famille d'Orléans vint à Palerme se réunir autour de l'autel, où un petit-fils de Henri IV recevait la main de la fille-du roi de Sicile. Le mariage fut célébré le 25 novembre 1809. Le prince goûtait les douceurs de la plus heureuse union, lorsqu'au mois de mai 1810 il vit arriver à Palerme une frégate espagnole qui portait un envoyé de la régence de Cadix. Cette régence, dans une lettre aussi pressante qu'honorable, invoquait, au nom de la liberté, l'appui des talents et de l'épée du duc d'Orléans ; elle lui offrait un commandement général en Catalogne, avec tous les honneurs dus aux infants d'Espagne. Le duc d'Orléans s'embarque et fait voile pour la Catalogne. Il était accompagné, dans ce voyage, par le colonel Salluzzo, que le roi de Naples lui avait donné, et par le chevalier de Broval, dont l'attachement fidèle ne s'est jamais démenti. Il arrive à Tarragone ; mais de sourdes intrigues lui avaient suscité des obstacles inattendus, et le commandant espagnol, embarrassé de sa présence, lui déclare qu'il n'est pas autorisé à lui remettre le commandement. Ce changement rapide avait été opéré par l'influence anglaise. Le parti espagnol qui avait résolu d'appeler le duc d'Orléans, avait d'abord mis le plus grand mystère dans l'exécution de ce projet ; mais les Anglais, en ayant étéinformés, n'avaient pas dissimulé leur mécontentement. Le duc d'Orléans s'éloigna à regret de Tarragone, où il avait reçu des habitants le plus touchant accueil. On aurait désiré qu'il retournât à Palerme ; mais dès qu'il fut sorti du port, il ordonna à la frégate de faire voile pour Cadix. Là, il éprouva les effets de la même influence qui, déjà, avait prévalu .sur le vœu d'après lequel il était venu en Espagne. La régence elle-même, qui l'avait appelé de son propre mouvement, craignait alors de le recevoir ; cependant il insista, et débarqua à Cadix avec les honneurs dus à son rang. La régence le reçut en audience publique ; mais, après cette cérémonie, après quelques jours passés à visiter les fortifications de Cadix et la position militaire de l'île de Léon, il eut lieu de se convaincre que ses efforts seraient inutiles. Une frégate anglaise fut dépêchée à Cadix avec ordre de le conduire en Angleterre. Le prince refusa de s'embarquer. Alors l'ambassadeur anglais pressa le conseil de régence de l'y contraindre ; mais ce conseil s'y refusa, se contentant de le tenir dans l'inaction. Enfin, au bout de trois mois d'attente, les cortès s'assemblèrent dans l'île de Léon. Dès les premiers jours de leur réunion, l'influence anglaise, qui les dirigeait alors, obtint l'éloignement du duc d'Orléans, en faisant craindre que si l'on ne le contraignait pas à quitter Cadix, les troupes anglaises ne quittassent l'Espagne. Frappé de l'ordre de s'éloigner, le duc d'Orléans tenta, comme dernière ressource, de parler lui-même aux cortès assemblées. Il courut à l'île de Léon, où elles étaient réunies ; mais il y avait séance secrète. On

en profita pour ne pas le recevoir ; trois membres
furent chargés de lui manifester que les cortès con-
sidéraient son éloignement comme nécessaire au
salut de cette Espagne dont il était venu défendre
l'indépendance. C'est ainsi qu'après plus de trois
mois de résistance et d'inutiles efforts il fut con-
traint de remonter sur une frégate espagnole qui
le reconduisit au même rivage où la régence l'avait
envoyé chercher. Il arriva à Palerme au mois d'octobre 1810, peu de temps après la naissance du duc
de Chartres, son fils aîné.

On voit donc, par ce qui précède, que, jamais,
Louis-Philippe n'a servi dans les rangs de l'armée
de Charles IV.

Nous avons cru devoir insister avec quelque
détail sur ce point historique, parce que, souvent,
nous avions entendu dire que Louis-Philippe avait
pris les armes à cette époque contre la France.

Il importait de démontrer le contraire.

V

LA QUESTION DES DROITS DE LA BRANCHE D'ORLÉANS A

ÉTÉ TRANCHÉE PAR HENRI V LUI-MÊME.

Oui, la question a été tranchée par Henri V lui-
même ; ou, pour parler plus exactement, Henri V
lui-même a reconnu que la couronne de France
revenait, après lui, non pas aux Bourbons d'Espagne,
mais à la famille d'Orléans. Il l'a reconnu dans trois
circonstances différentes.

I. — En août 1848, il se produisait, dans certaines sphères, un mouvement dans le sens de la
fusion entre la branche aînée et la branche cadette.
« Le plus beau jour de ma vie, venait d'écrire
« Mgr le comte de Chambord, sera celui où je pour-
« rai voir tous les Français, après tant de dissenti-
« ments et de rivalités funestes, rapprochés par les
« liens d'une véritable fraternité ; LA FAMILLE ROYALE
« RÉUNIE AUTOUR DE SON CHEF dans les mêmes senti-
« ments de respect pour tous les droits, de fidélité
« à tous les devoirs, d'amour et de généreux dévoue-
« ment pour la patrie. » Mgr le comte de Chambord
reçut à cet égard une communication où le rapprochement entre les deux branches de la Maison de
Bourbon était présenté comme la condition première de l'union de toutes les forces sociales en un
seul faisceau.

Voici en quels termes il répondit à cette ouverture :

« 5 octobre 1848.

« D'après ce que vous m'écrivez, mon cher duc (1),
« des personnes éminentes, convaincues de la né-
« cessité de réunir en un seul faisceau toutes les
« forces qui peuvent résister à la tempête dont le
« monde social est si violemment ébranlé, pensent
« *qu'un rapprochement* entre LES DEUX BRANCHES DE
« MA FAMILLE est la seule condition première de cette
« désirable union. Mes devoirs envers la France
« seront toujours la règle essentielle de ma con-
« duite. Tout ce qui peut contribuer à la sécurité,
« au bonheur, à la gloire de notre pays, je suis
« prêt à l'accomplir sans hésitation, sans arrière-

(1) M. le duc de Noailles.

« pensée. Je crois avec vous que le concours de
« tous les hommes de cœur, de talent et d'expé-
« rience, est nécessaire au rétablissement et au
« maintien de l'ordre dans notre patrie. *Je vous
« l'ai déjà dit*, étranger et inaccessible à toutes
« *les passions qui perpétuent les funestes discordes*,
« je regarderai comme le plus beau jour de ma vie
« celui où je verrai *la famille royale réunie à son*
« *chef......* »

Hélas! malgré de nobles exemples, malgré les
formelles déclarations et les désirs nettement mani-
festés du chef de la branche cadette de la Maison de
Bourbon, ces vœux ne se réalisèrent pas (1).

Que dit cette lettre du 5 octobre 1848? Nous le
demandons à tout homme de bonne foi. Cette déclaration de celui qu'on a si justement appelé « le plus
honnête homme de France », ne signifie-t-elle pas,
clairement, et sans contestation possible, que
Henri V, en parlant des « deux branches de sa
famille », avait en vue la branche aînée, dont il était
le représentant, et la branche cadette, représentée
par les princes d'Orléans?

Nous croyons vraiment inutile d'insister.

II. — Dans une autre circonstance, non
moins mémorable, Henri V a bien nettement

---

(1) Lord Normanby constate dans son *Journal*, à la date du
14 août 1848, que la plupart des partisans de la branche d'Orléans
se montraient disposés à accepter le retour de M. le comte de Chambord comme le moyen de restaurer la monarchie, et il ajoute:
« Les négociations qui se poursuivent depuis quelque temps pour
« rallier le parti royaliste tout entier autour de la personne de
« Henri V, avec la perspective probable de la succession au trône
« pour le comte de Paris, me paraissent appelées, plus que toute
« autre éventualité, à décider les destinées de la France. » (*Une
année de révolution, d'après un journal tenu à Paris en* 1848,
tome II, p. 229.)

exprimé sa pensée sur la question qui nous occupe.

« M. le comte de Chambord », dit une brochure peu suspecte, parue en 1871, sans nom d'auteur, sous ce titre : *Henri V et la Monarchie tradition-nelle*, « n'avait cessé d'indiquer l'union des partis
« monarchiques comme la meilleure espérance de
« l'avenir. Il avait eu la joie de voir son appel à la
« conciliation entendu par le plus grand nombre
« des conservateurs qui avaient prêté leur appui à
« la monarchie de 1830 ; il eut bientôt la consola-
« tion de voir les princes de la Maison d'Orléans,
« dociles à la voix de leur père mourant, se ranger
« autour de la bannière de l'hérédité monarchique.
« Après d'assez longs pourparlers, sur lesquels nous
« n'avons point à nous étendre, M. le duc de Nemours
« se rendit à Frohsdorf dans l'automne de 1853,
« et, en abordant son cousin, fit cette solennelle
« déclaration : qu'il venait, au nom de ses frères et
« en son nom, assurer M. le comte de Chambord
« que lui et ses frères ne reconnaissaient qu'une
« seule monarchie, représentée par un seul trône
« royal, celui de l'aîné de leur race.
« Comment cette démarche si grave et si signi-
« ficative n'eut pas d'autres conséquences ; com-
« ment cette réconciliation — que M. le comte de
« Chambord se plaisait à regarder comme heureu-
« sement accomplie. et que la France (écrivit-il
« à M. Pageot le 25 décembre 1856) était en droit
« d'envisager comme une des plus fermes garan-
« ties de son avenir, — fut suivie de difficultés
« nouvelles ; comment enfin, malgré les visites
« faites à plusieurs reprises par M. le comte de
« Chambord à la veuve de Louis-Philippe, sa tante,

« les rapports qui s'étaient établis entre les deux
« branches de la Maison de Bourbon furent sus-
« pendus, ce n'est point ici le lieu de les raconter
« avec détail. Qu'il nous suffise de reproduire la
« réponse adressée par M. le comte de Chambord à
« une lettre où M. le duc de Nemours avait insisté
« auprès de lui pour qu'il se déclarât en faveur du
« drapeau tricolore, du gouvernement constitution-
« nel, et du concours exclusif de la France pour le
« rétablissement de la monarchie

« Venise, 5 février 1857.

« Mon cher cousin,

« J'ai lu votre lettre avec un profond sentiment de
« tristesse et de regret. J'aimais à penser que nous
« avions compris de la même manière la réconcilia-
« tion accomplie entre nous il y a bientôt quatre
« ans. *Ce rétablissement de nos rapports politiques*
« *et de famille, en même temps qu'il plaisait à mon*
« *cœur, semblait à ma raison un gage de salut pour*
« *la France et une des plus fermes garanties de son*
« *avenir.* »

Encore une fois, nous le demandons à tout
homme de bonne foi, Henri V aurait-il écrit de cette
façon, s'il avait eu la pensée que les Bourbons
d'Espagne devaient passer avant les princes d'Orléans?

Mais continuons la lettre : « Pour justifier mon
« espérance, pour rendre *notre union efficace et digne*
« *tout ensemble*, il ne fallait que deux choses, qui
« étaient bien faciles : rester de part et d'autre égale-
« ment convaincus de la nécessité d'être unis, nous
« vouer une confiance également inébranlable en nos
« mutuels sentiments. Je n'ai pas douté de votre

« dévouement aux principes monarchiques; per-
« sonne ne peut mettre en question mon attache-
« ment à la France, mon respect de sa gloire, mon
« désir de sa grandeur et de sa liberté...... Je n'en
« conserve pas moins ma conviction profonde *que*
« *c'est* DANS L'UNION DE NOTRE MAISON, et dans les
« efforts communs de tous les défenseurs des ins-
« titutions monarchiques que la France trouvera
« un jour son salut. Les plus douloureuses épreuves
« n'ébranleront pas ma foi. »

Est-ce assez net ? Est-ce assez significatif?

III. — Mais voici mieux !

L'honorable rédacteur en chef du *Clairon*, **M. J.**
Cornély, qui joint à des convictions ardentes un
admirable talent, soit comme orateur, soit comme
journaliste, est le dernier Français qui a vu le Roi.

Il a été reçu à Frohsdorf en 1883, et il a publié
dans le *Clairon*, puis dans un livre, *Le Czar et le Roi*,
le compte-rendu de sa visite à l'auguste Prince.

Or, nous détachons de ce compte-rendu le passage suivant (*Le Czar et le Roi*, pages 257-258) :

« .....Puis, passant brusquement à un autre
« sujet, Monseigneur continua :

« — Ce pauvre Chartres, vous savez qu'il a
« failli périr dans la Mer Noire. Voilà un charmant
« soldat, et un prince réellement français. Quant
« au comte de Paris, c'est un caractère froid, réflé-
« chi, un honnête homme.

« Le duc de Nemours est tout à la fois un parent
« et un ami de cœur pour moi. De toute cette belle
« famille, qui est la mienne, il n'y a que M. le duc
« d'Aumale dont j'ignore les opinions et les projets.
« Mais je le crois un honnête homme, et, dans tous

« les cas, je sais que les princes d'Orléans ne refe-
« ront jamais 1830. ILS ONT MIEUX A ATTEN-
« DRE.... APRÈS MOI. »

« — Oh! Monseigneur, ne parlez pas ainsi, etc... »

Voilà une affirmation bien claire et bien nette!
Elle nous est rapportée par M. Cornély, que nous
connaissons tous. Dira-t-on que M. Cornély nous
trompe ? Alors, qu'on nous le prouve! *Fraus non
præsumitur!* Pour nous, nous avons confiance
en lui.

Nous n'ajouterons qu'un mot : l'*Union*, qui a été
si longtemps le journal officiel du Roi, a formellement, dans son dernier article, reconnu les droits
de Mgr le Comte de Paris.

Pour nous donc la conclusion juridique s'impose :
les Bourbons d'Espagne n'ont aucun droit à la couronne de France.

ANNEXES

I. — LES RENONCIATIONS

Le texte de ces renonciations est solennel ; le voici :
« Le Roi.

« Don Philippe, par la grâce de Dieu, roi de Castille.... Il a été convenu de ma part et de celle du
Roy mon grand-père que, pour éviter en quelque
temps que ce soit l'union de cette monarchie à celle
de France, il se fît des renonciations réciproques,
pour moi et tous mes descendants à la succession
de la monarchie de France, le cas avenant, et de la
part des princes de France et de toute leur ligne
présente et à venir, à la succession de la monarchie d'Espagne, faisant réciproquement une abdication volontaire de tous ces droits que les deux
maisons royales d'Espagne et de France pourraient
avoir de se succéder mutuellement, séparant par les
moyens justes de ma renonciation une branche de
la tige royale de France et toutes les branches de
France de la tige du sang royal d'Espagne.

« J'ai résolu, en conséquence de ce qui est ci-
dessus exposé, d'abdiquer pour moi et pour tous
mes descendants le droit de succéder à la couronne
de France.

« De mon propre mouvement, de ma libre, fran-

che et pure volonté, moy, don Philippe, par la grâce
de Dieu roy de Castille...., je renonce par le présent acte, pour toujours et à jamais, pour moi-
même et pour mes héritiers et successeurs, à toutes
prétentions, droits et titres que moy ou quelques
autres de mes descendants que ce soit, ayant dès à
présent ou puissent avoir en quelque temps que ce
puisse être à l'avenir à la succession de la couronne de France.

« Je les abandonne et m'en désiste pour moy et
pour eux, et je me déclare et me tiens pour exclu
et séparé, moy et mes enfants, héritiers et descendants perpétuellement pour exclus et inhabiles
absolument et sans limitation, différence ny distinction de personne, de degré, sexe et temps, de l'action et du droit de succéder à la couronne de
France. Et je veux que l'on regarde ce droit
comme passé et transféré à celui qui se trouvera
suivre en degré et immédiat au roy par la mort
duquel la vacance arrivera et auquel successeur
immédiat on déférera la succession de ladite couronne de France en quelque temps et quelque cas
que ce soit, afin qu'il l'ait et la possède comme légitime et véritable successeur, de même que si moy
et mes descendants n'eussions pas été nés ni ne fus-
sions pas au monde, parce que nous devons être
tenus et réputés pour tels. Je veux et consens
pour moy-même et pour mes descendants que dès
à présent ce droit soit regardé et considéré comme
passé et transféré au duc de Berry mon frère, et à
ses enfants et descendants mâles nés en légitime
mariage et au défaut de ses lignes masculines au duc
d'Orléans mon oncle, et à ses enfants et descendants mâles nés en légitime mariage.

« Je promets et m'oblige en foy et parole de roy,
que de ma part et de celle de mes enfants et descendants nés et à naître, je procurerai l'observa-
tion et l'accomplissement de cet acte, sans permettre ny consentir qu'il y soit contrevenu directement
ou indirectement, en tout ou en partie.

« Si, sous quelque prétexte, nous voulions nous
emparer dudit royaume de France par la force des
armes, faisant ou excitant une guerre, je veux dès
à présent qu'elle soit tenue, jugée et déclarée illi-
cite, injuste, mal entreprise et pour par violence,
invasion et usurpation faite contre la raison et
contre la conscience. Et qu'au contraire l'on juge
et qualifie pour juste, licite et permise celle qui
sera faite ou excitée par celui qui, au moyen de
mon exclusion, et de celle de mes enfants et descendants, devra succéder à ladite couronne de
France ; que ses sujets et naturels ayent à le recevoir, à lui obéir, à lui prêter le serment et hom-
mage de fidélité comme à leur roy, et à le
servir.

« J'engage de nouveau ma foy et parole royale,
et je jure solennellement par les évangiles contenus
en ce missel sur lequel je pose la main droite, que
j'observerai, maintiendrai et accomplirai le présent écrit, et acte de renonciation, tant pour moy
que pour mes successeurs, héritiers et descendants
dans toutes les choses qui y sont contenues, selon le
sens et la construction le plus naturel, le plus litté-
ral et le plus évident.

« Je le signe et ordonne qu'il soit scellé de mon
« scel royal. A Buen-Retiro, le 7 novembre
1712.

« *Contresigné :* Manuel de VADILLOY-
VELASCO, notaire et écrivain public
du Roy et ses royaumes et sei-
gneuries.

« Le 24 novembre 1712. »

II.

Nous lisons dans le *Journal de Paris* du 27 avril
1884 :

On nous écrit de Dunkerque :

« L'auteur de la lettre intitulée : *An licet, an
decet, an expedit ?* a parfaitement montré que les
traités d'Utrecht et de Rastadt, sur lesquels les orléanistes prétendent appuyer le droit de M. le comte de
Paris, ont perdu toute valeur par les violations suc-
cessives dont ils ont été l'objet.

« Il y a cependant un argument qu'il a omis et
que je me permettrai d'ajouter à sa lumineuse
démonstration.

« Je veux parler du port de Dunkerque. Vous
savez que le traité d'Utrecht (art. 17) en prescrit
le démantèlement à perpétuité.

« Mais vous savez aussi que Dunkerque est aujourd'hui bien et dûment pourvu de toutes les fortifications possibles. Dans une des dernières ses-
sions législatives, on a même voté de nouveaux
crédits pour l'achèvement des bassins du port et
des fortifications ; et certainement, si l'on recher-
chait à l'*Officiel* le détail des scrutins, on trouve-
rait les noms des plus zélés orléanistes du Sénat et

de la Chambre, dans la liste de ceux qui ont voté *pour*.

« Puisque ces orléanistes eux-mêmes ont violé le traité d'Utrecht dans une des dispositions les plus nettement formulées, pourquoi nous, légitimistes, serions-nous liés par ce traité déplorable ?

« Donc, repoussez M. le comte de Paris, ou démolissez Dunkerque ! »

Cette note, qui, nous le savons, ne vient nullement de Dunkerque, quoi qu'en dise le *Journal de Paris*, semblera, croyons-nous, une considération de mince importance aux yeux de nos lecteurs. A supposer, d'ailleurs, que le traité d'Utrecht ait perdu toute valeur, les renonciations solennelles de Philippe V n'en restent pas moins consignées dans l'histoire.

III.

La présente annexe n'a qu'un but : montrer quels sont les procédés de polémique employés par certains de nos adversaires.

Le *Droit monarchique* du 4 mai 1884 s'exprimait ainsi, en tète de son premier-Paris :

« Après l'entrevue du 5 août 1873, c'est-à-dire
« après ce qu'on a appelé à tort *la fusion*, Louis
« Veuillot conseillait au Roi *de ne sortir qu'accom-*
« *pagné d'une bonne escorte, et de faire surveiller*
« *les plats de sa table.*

« N'était-ce pas un pressentiment ? »

Deux jours après, l'*Univers* répondait :

« Les deux feuilles hebdomadaires qui attendent
« que don Juan de Bourbon se proclame Roi de

« France, le *Journal de Paris* et le *Droit Monarchi-*
« *que*, publient cette note :

« Après l'entrevue du 5 août 1873, c'est-à-dire
« après ce qu'on a appelé à tort la *fusion*, Louis
« Veuillot conseillait au Roi de ne sortir « qu'ac-
« compagné d'une bonne escorte » et de faire sur-
« veiller les plats de sa table.

« Nous prions le *Journal de Paris* et le *Droit*
« *Monarchique* de nous dire où se trouvent ces
« paroles de Louis Veuillot. »

POITIERS. — IMPRIMERIE OUDIN.